神と仏の日本文化

遍照の宝鑰

小峰彌彦
Michihiko Komine

大法輪閣

はじめに

●問題の所在

平成二十三年三月十一日に、東日本に空前絶後の大震災が襲った。まさに悲惨で混乱した状況にありながら、被災者は争うことなく助け合い協力し合って粛々と行動していた。このような人々の姿を見た外国人は、「略奪などの不法行為は一切せず、互いに協力し合う日本人の姿に衝撃を受けた」、という。もちろんこのような節度ある行為は「日本人の民度の高さを示している」ことに他ならない。如何なる危機的な状況に見舞われても、他との協調を優先する日本人の行動の基盤は、その思惟（しゆい）構造にあるといってよい。もとより日本人特有の思惟構造は一朝一夕（いっちょういっせき）にできたものではなく、長い日本の歴史の中で繰り返し積み重ねられ培われてきた結果なのである。

他との関わりを重んじる日本人の精神が構築された背景は、仏教や神道（しんとう）などの宗教が大いに影響しているし、逆に言えば宗教的なものを無視しては何も明らかにはできない。たとえば私たちが日常的に無意識に用いている「おかげさま」「もったいない」「縁あって」などという言葉は、そのことを如実に語っている。これらは仏教の教えから派生したものであり、仏教の教えがあたりまえのように、意識せず自然に身についていることをあからさまに示している。これらの言葉が私たちの日常の挨拶となっている事実は、それが日本人の心に浸透していることを如実に表している。

自己主張を控えて他を優先する日本人の思惟は、どのような理念のもとにはぐくみ育てられてきたのであろうか。私たちが今それを再確認することは、ともすれば忘れられがちである日本人の心、それを思い起こすためにもとても重要なことではないだろうか。日本人の思惟の根源を求め、それを知りそれが如何なる意義を持つのか、今こそ問われるときではなかろうか。

日本人の豊かな精神文化を探るためには、神と仏の交流の文化、すなわち「神仏習合思想」と、その背後にある密教の存在を明確に理解することが何よりも大切である。この日本の神仏交流の思想は、人々の融合を進めるために極めて有効な働きを有しているのである。

ところが現在の私たちの意識は融合ではなく、「仏教と神道は全く別なもの」と思い込んでいる。誰もがそれが常識であるとし、一抹の疑いさえ抱いてはいないのが現状である。しかし神と仏、あるいは寺院と神社といってもよいが、両者を別な存在としたのは、一八六八年に明治政府によって出された「神仏分離令」以降のことである。神仏分離の歴史は、たかだか百五十年にも至っていないのである。それに対し神仏習合思想は、仏教公伝を五三八年とすれば、それ以降一五〇〇年近くの歴史がある。この長い時間帯は、まさに「神仏融合の歴史」そのものであった。言い換えれば日本人の精神性は、神仏習合という環境の中で培われ育て上げられてきたのである。

それ故、日本人の精神文化を探るためには、人々が神仏といかに関わっていたかを考察することが何よりも重要なのである。その問題を明確にとらえるためには、単に神仏が混交した現象を整理することにあるのではなく、その現象を成り立たせた背後にある思想が何であるかまで考える必要がある。人々が習合和合思想を納得し受け入れるためには、当然ながら普遍的な理念に基づいた理論が提示されなくてはならない。しかしながらその理論はどのようなものであるかについては、これまでさほどの議論は行われていなかった。結論を先にいえば、神仏習合を合理性をもって関係づけるための論理背景は、密教思想にあり、それは平安時代に植え付けられていたと私は考えている。そしてその密教思想とは、具体的には「曼荼羅思想」が大きく影響しているのである。突飛な発言と戸惑いを持つ人もあると思うが、詳細な議論は後で論述するとして、とりあえず今は曼荼羅の語が日本人の思惟を紐解くキーワードであることを指摘しておきたい。

ところで日本人の宗教に接する特徴として、しばしば指摘されていることとして、菩提寺で法事を行い墓前で手を合わせながらも、自分の宗旨が何であるかには興味を示さず、無宗教といっても憚らない。またキリスト教徒でもないのに教会で結婚式をあげ、バレンタインにはチョコレートを配り、さらにクリスマスを国民的な行事としている。そうかと思えば初詣に神社仏閣に参拝し、礼所巡りを行ったり、家族のために家内安全や合格祈願のお札を求める、といった現実がある。たいていの日本人はこんな生活をしているが、それほどの矛盾も違和感も感じていないのが実態である。

このような一見すると矛盾だらけの日本人独特の宗教感覚は、今に始まったものではない。それは日本の歴史全体の中で長い時間をかけて培われ、連綿として今日にまで及んでいるのである。そしてこの宗教観は信仰に限るものではなく、日本人の政治・経済のみならず日常生活のすべてに亘って、目に見えない形で反映している。それ故、日本を理解するためには、この独自の文化がどこから生まれ、どのように変化してきたかを考える作業がどうしても必要なのである。

●「遍照の宝鑰」とは

日本人の精神性の解明には、もちろん日本の歴史全体に亘る詳細な考察がなされなくてはならないが、日本人の精神文化の基盤が作られたのは仏教伝来から平安時代にある、と私は思う。仏教が日本に伝わり神仏のかかわりがはじまり、次第に神仏習合思想が進み、ついには連携和合思想が浸透し、それが教理学においても提示されることになる。言い換えれば、仏教公伝から本地垂迹思想などが確定する平安時代までが一つの区切りとなる。さらにいえば、私は神仏習合の説明原理は曼荼羅思想にあると想定し、この思想をもとに新たな神仏習合思想を構築した人物を空海と考えている。本書の副題を「遍照の宝鑰」としたのはこの理由からである。

「遍照の宝鑰」という言葉は仏教の専門用語であることから、一般にはなじみが薄く何のことかとまどいもあろうかと思う。遍照とは遍照金剛の略称であり大日如来を意味するが、加えてその教えを継承した空海をも指している。鑰とは鍵のことであり、それ故「宝鑰は秘蔵の扉を開く宝の鍵」の意味となる。そしてこの宝鑰で開示された秘蔵の教えとは、曼荼羅に示された密教の教えを示唆している。

曼荼羅についての詳細は別に述べるが、空海は曼荼羅思想を日本にもたらし、ついには四百年も続いた平安時代を曼荼羅思想で覆っていった。曼荼羅思想は空海によって人々の心に浸透し、日本人の精神文化を構築していく基盤となったのである。しかしこれまでの日本の思想研究においては、曼荼羅が複雑で簡単には理解できなかったことが要因かもしれないが、曼荼羅思想を正面から取り扱うことはほとんどなかった。

空海が日本人の精神文化に与えた影響は、実は私たちの想像以上に大きいのである。それ故、空海を知るためには、彼を単に真言宗(しんごんしゅう)の開祖という限られた視点を捨て、仏教のみならず異教をも包含(ほうがん)した思想体系を構築した人物として見ることが不可欠である。空海思想の基調は曼荼羅にあり、空海はこの曼荼羅という宝鑰を手にしたことによって、スケールの大きな思想哲学を作り出すことに成功したのである。

私はかつて日本人の精神文化の背景を、『弁慶はなぜ勧進帳(かんじんちょう)を読んだか』という本の中で、二つの理由をあげ指摘したことがある。その理由とは、一つには「日本は島国で異民族から征服されたことがない」という環境的な面である。海という天然の要塞に囲まれた環境が、日本への異民族による侵略を拒絶した。外からの暴力的な侵略が無かったことは、渡来してきたものは文化として積極的に受け入れる素因(そいん)を培うことになった。言いかえれば海を渡り日本にきたものは「脅威(きょうい)ではなく恩恵であり、破壊ではなく創造であった」、と見ることができることになる。逆に言えば、日本人は渡来文化を積極的に受け入れることで、日本独自の文化を創りあげていったのである。

第二の理由は日本の宗教が、仏教とそれ以前からあった神(かみ)信仰の二つを中心としたものであり、これら両者はともに原理主義ではないことである。言い換えれば、この二つの宗教は自分の神のみが正しいとする排他的なものではなく、人間を超えた存在は理屈なしに尊ぶ、という寛容的な信仰なのである。もしそうでなければ、「神々と仏教の混交」といった連携融合的な考えは成立しえないからである。

こういった神仏習合の動きは、仏教伝来のときからすでに始まっている。もちろんこのような指摘は、私がはじめて言い出したことではなく、既に多くの人が様々な立場から指摘している。宗教学・民俗学・歴史学などの各学問分野から、多くの先学による分析・研究がなされていることも事実である。しかしこれらの専門領域の学問だけではなく、仏教学の立場からの取り組みが必要である、と私は思っている。

ところが不思議なことに日本の文化に欠かせないのが仏教であるといわれていながら、現実には仏教学の方面からの研究考察は思ったより多くはない。なぜなのだろうか。その理由はいたって簡単で、仏教学という学問の体質によるところが大きいといえる。確かに仏教学は盛んである。多くの研究者は外国から得た科学的な方法論を取り入れ、それまでとは異なった視点から新たな研究成果を次々と発表している。もとよりその意義は大きいし、あえて批判するつもりもない。

しかし現況の日本仏教の研究は、各宗祖（しゅうそ）の研究・教理教学研究・宗団史研究・経論研究などが主で、それ以外は純粋な仏教学の範疇にはなっていなかった。たとえば信仰などの現象的な部分は、仏教学研究以外の分野とされた。つまりその分野は、宗教学や民俗学などの他の研究分野の役割としていた。

今私が扱おうとする神仏習合などといった分野は、一つの社会現象にすぎず仏教学本来の研究対象ではないとしてそれほど重視されていなかったのである。しかし一般社会に受け入れられた神仏習合などの信仰形態は、一千三百年もの長い時間をかけて日本人に支持され、今でも息づいている信仰である。改めて神仏習合の持つ意味を問い直し考察する作業は、まさに仏教学を踏まえてこそなし得ることと思う。

目次

はじめに …… 1

第一篇

仏教公伝と仏教の日本的展開 …… 15

第二篇 密教の展開と神仏融合思想……89

第三篇

空海密教と曼荼羅的思考……157

おわりに……213

◆カバー絵……胎蔵曼荼羅・中台八葉院と空海。
胎蔵曼荼羅・中台八葉院は、染川 英輔 画「観蔵院曼荼羅」
（観蔵院曼荼羅美術館所蔵）より。
空海は、大法輪閣所蔵画像より。

◆装 幀……山本 太郎

第一篇

仏教公伝と仏教の日本的展開

●仏教伝来

インドにはじまった仏教は、当初は中国を経由して韓半島に伝わり、そして日本へと伝播した。そのことは仏教が百済から日本に公伝されたことからも知られる。仏教の公伝の年代については、二説あることは周知の通りである。第一説は、奈良の古寺である元興寺の『元興寺伽藍縁起并流記資財帳』の記述に則したものである。すなわち「百済の聖明王が欽明天皇に仏像や経典を献じたとき」であり、具体的には欽明天皇の「戊午年」、つまり西暦五三八年とする説である。

そして第二説は『日本書紀』の記述に従ったもので、欽明十三年（五五二年）とするものである。このとき聖明王は「仏像と経典を献じ、それに加えて仏教を讃える上表文を添えた」といわれている。これまでの研究によれば、この上表文の大半は義浄（六三五～七一三年）訳『金光明最勝王経』からの引用であるとの報告がなされている。そうなると義浄による経の漢訳年代が七〇三年となることから、五五二年の時点での上表文の作成は時間的に見て不可能となる。そのため上表文は後の付加であると見なされ、これによって五五二年説が疑問視されることになる。

第一説の『元興寺伽藍縁起并流記資財帳』の記述にも、欽明大王治世（五四〇～五七一年）には、戊午の干支年が存在しないという矛盾がある。そのため戊午年に最も近い年が五三八年であることから、この年に伝来したとの解釈となっている。その一方、『日本書紀』の紀年にもとづけば、五三八年は宣化天皇三年となってしまう。だが『日本書紀』の紀年を採用せず南都の伝承などに従えば、この年は欽明七年ということになる。そうなればどちらも「欽明大王がかかわる」ことから、欽明期に仏教が公伝されたという点では共通性をもつことになり、欽明大王時代に仏教を国家として受け入れられたという伝承が代々受け継がれてきたことが推察できるのである。

●仏教の「公伝」がなぜ大切なのか

仏教公伝が五三八年あるいは五五二年のいずれであっても、欽明期であることは確かである。仏教伝来の年代も大事だが、それよりも今は「公伝」の言葉に着目したい。公伝にこだわるにはそれなりの理由がある。もとより公伝以前にも非公式には日本に仏教が伝わっていた。渡来人は個々に仏像を携え、彼らが仏教を信仰していたことは、考古学的にも証明されている。加えて仏教のみならず、神信仰や道教などの宗教も同様に韓半島を経て日本に渡来していたことも忘れてはならない。

たとえば道教の理想郷とされる神仙図を描いた「神獣鏡」が、五世紀の後半に日本で出土されている。しかし問題は、この神獣鏡の中身が、純粋な道教信仰ではないことにある。たとえば神獣鏡には神像と獣像が彫られているのだが、問題はこの尊像が神仙ではないことである。すなわち尊像は蓮上に座し、香炉を持ち、施無畏印を結ぶなど、明らかに仏・菩薩像と重ね合わされている、との報告がなされている。それは日本に伝わった初期の仏教が、道教と深く関わっていたことを如実に物語っているのである。伝来時の仏教は、すでに神仏融合であった。

　このように仏教は、公伝されるかなり以前から渡来人によって日本にもたらされていた。それなのになぜ「公伝」が重視されるのであろうか。言うまでも無く、それは仏教が「正式に国家に認められた」、という事実が大きな意味を持つからである。なぜなら国家に認められたものでなければ、それはあくまでも個々の信仰の範疇に収まるものであり、組織的に日本全国に広がりをもって展開することは困難だからである。

　まして僧侶を養成し、仏像を制作し、伽藍を建立するなど、仏教を広めるための組織的・具体的な事業は、権力や原資を持った国家の後ろ盾がなければ到底かなわないことである。仏教の公伝は単に仏教が伝わったというだけでなく、国家の仏教として認められたということなのである。公伝の事実は、僧侶の養成あるいは仏像や仏堂伽藍を造立する様々な動きが活発化することを意味している。

また国家にとっても仏教の導入は、様々な意味で極めて有効なものであった。仏教は日本人の知的文化の向上に寄与するのみならず、多くの派生的な効果を生み出す働きを持っている。たとえば仏教を広めるためには堂宇（どうう）の建立は不可欠である。その堂宇の建築のためには、新たな建築技術が必要であり、建築関係の様々な職種の人々がいなくてはならない。堂宇の建築は、鉄の鋳造（ちゅうぞう）や陶芸あるいは土木など、多くの分野での技術の向上を生み出すことになる。そのような意味で、仏教の正式な形での受容は様々な効果を生み、日本にとって想像以上に多大な恩恵をもたらすことになった。仏教公伝の事実は、ただ単に仏教が伝わったという意味だけに止（とど）まるものではないのである。

●献上された仏教の中身の問題

聖明王から献上された仏像や経典を目の当たりにした欽明天皇が、欣喜踊躍（きんきようやく）したとする様子は『日本書紀』に記されている。姿形はもとより特定の教義も持たない神の存在に対し、新たに伝来した仏教には礼拝（らいはい）の対象としての尊像があり、教えを記した経典を携えていた。仏教をはじめて目の当たりにした人々は、仏教が全く新たな異次元のはるかにそびえる存在に見えたに相違ない。教義を備えた仏教は、ただ祈りの対象としてあるのみならず、人を導く論理を有していることは、当時の人々にとって衝撃的に受け止められたと考えられる。

仏教は中国や韓半島の国々においては、すでに国家行政の柱として採用され、国家の運営に実際的な働きをなしていた。それはそのまま日本にも適合することであるから、日本国家にとっても期待されて受容されたととらえるべきであろう。仏教の価値は一宗教の信仰というだけではなく、様々な別な価値をあわせ持っているのである。

ところで『日本書紀』によれば、このとき聖明王から献じられたものは仏像と経巻であると記されている。仏像は釈尊の出家前の姿をイメージした悉達太子像であり、大乗仏教運動の担い手である教理教学に裏づけられた仏・菩薩像ではない。もちろん献上された悉達太子像は、弥勒菩薩半跏思惟像とも目されていることから、大乗の菩薩のイメージもあわせ持っていることは疑いがない。それ故、大乗仏教とは無関係ではないが、だからといって大乗仏教を教義的に強調したものでもない。なぜならこの時代においては、少なくとも大乗仏教の教理教学はまだ日本には提示されてはおらず、そこに至るには奈良時代まで待たねばならない。弥勒像と悉達太子像の関係については項を改めて論じるつもりであるが、今は伝来した仏像が悉達太子と弥勒菩薩が重ね合わされている、その点だけを指摘しておくにとどめたい。

聖明王が仏像と同時に献上した経巻は如何なる内容のものであるかは、これまであまり言及されていない。経典というと奈良仏教のような仏教教義が説示されたもの、というイメージを持ちがちであるが、実際はそうではなさそうだ。『日本書紀』の記述には、献上された経典名を『説仏起書巻』と記している。少なくとも経典名から察しても、大乗経典や論書などとは別のものであり、釈尊の伝記などを記した説話的なものと考えられる。すなわち『説仏起書巻』とは「仏起を説ける書巻」と読めることから、大乗経典のように仏教の教理教学を説示した経ではなく、釈尊の伝記の類いと捉えておいたほうが自然であろう。

もう一つの問題は、このときは仏像と経典が伝えられたものの、仏教の教えを説き信仰を勧めるために欠かせない僧侶が渡来した記述はない。「仏教公伝時に僧侶がいなかった」、それが何を意味するのかについてはさらに議論が必要であり、この問題についても仏像の問題と共に項を改め詳述するつもりである。しかし礼拝の対象である仏像や教えを示した経典の存在は、それまでの日本の神信仰には無かった新たな文化であり、それに現前に接した人々はまさに驚きをもって受け入れたことは、『日本書紀』の記述通りであったと思われる。

ところで百済に仏教が正式に伝わったのは三八四年で、この年に中国から下賜されたのである。

それが日本に公伝されたのは、これより遥かに隔たった一五〇年もの後であったことは何を意味するのだろうか。

それを知るためには当時の韓半島の状況を把握しておく必要がある。仏教が日本に公伝した当時の韓半島はいわゆる三国時代で、高句麗・百済・新羅が国の存亡をかけ熾烈に争い、軍事的緊張が極めて高まっていた状況にあった。たとえば百済は高句麗に押され、五三八年に都を熊津（公州市）から泗沘（扶余市）に移さざるを得ない事態となり、あらゆる手段を用いて必死になって国力の回復につとめていた。具体的には、五五一年に百済は新羅と手を結んで高句麗に反撃を開始し、一時は旧都漢城（ソウル市）を奪還することができた。しかし激烈な戦いは疲弊を呼び国力が減退するなかで、今度は新羅に侵攻されることとなり百済は再び窮地に立たされることになった。

百済が日本と連携を図ったのは、何とかこの逼迫した状況を脱しなくてはならない、という危機意識からである。聖明王は日本に対し、百済主導の伽耶諸国の連合体制の承認と対新羅のための援軍の派遣を要請した。その見返りに献上したものが仏教である。仏教はそれほど価値をもった存在であることは、基本認識としておきたい。

『日本書紀』には、聖明王が日本の欽明大王に、「仏教をはじめ様々な貢ぎ物を贈り、日本に援軍を要請した」と記されている。時に五五二年（欽明十三）のことであったが、結果的に日本の援軍はまにあわず、要請をした二年後の五五四年に新羅軍との戦いで聖明王は戦死してしまった。仏教はこういった韓半島の動勢と大きく関わりながら、日本にもたらされたのである。

●仏教受容の動きの問題点

このような経緯があって百済から仏教が伝来したのであるが、今度は日本国内において仏教受容の是非を巡って争いが生じたといわれている。通説によれば「大臣の蘇我稲目は仏教を擁護し、大連の物部尾輿は反仏教の立場に立ったことから崇仏・反仏の争いが生じ、それが次第に激化していった」、といわれている。その根拠は『日本書紀』に複数の崇仏・反仏の記述があることに基づいている。しかし近年は崇仏・反仏を巡って新たな視点や解釈が提示され、これまでの見解を見直す動きが主流となった。この仏教受容の問題は、信仰問題や政治問題のみならず、あらゆる角度から問い直す必要がある。蘇我氏と物部氏の争いは、本当に仏教受容の是非を巡る問題が根幹であったのであろうか。

この疑問を払拭するためには、当時の仏教は具体的にどのようなものであったのか、受容した日本人がどれだけ仏教を理解していたのか、などなど仏教の視点からもう一度洗い直すことが必要である、と私は思う。

ところで私たちは仏教伝来時の日本の仏教をイメージするとき、奈良時代の教理教学を備えた仏教を感覚的に想像してしまう。たとえば東大寺は『華厳経』を所依の経典とする華厳教学の仏教、興福寺は唯識思想を柱とする法相学、といったようにである。しかし仏教公伝の時代では、華厳学や法相学などは現実的に存在していないのである。なぜなら華厳教学を大成した法蔵は六四三年から七一一年の人であり、また唯識思想を中国へ伝えた玄奘三蔵は六〇〇年から六六四年の人であり、法相宗の祖である慈恩大師基は玄奘の弟子である。日本に仏教が公伝したときには、当然ながら彼らはまだこの世に存在していないのである。

それ故、五三八年に日本に伝えられた仏教は、玄奘や法蔵などによって構築された教理教学を備えたものとは明らかに違うものなのである。つまり百済から公伝された仏教は、華厳学・法相学以前の段階の仏教であり、公伝時の仏教を考察するには、奈良仏教のイメージを捨てることからはじめなくてはならない。それだけは確かである。

これらの基本認識を踏まえた上で、『日本書紀』に記されている「崇仏・反仏」の問題の検討がなされなくてはならない。なぜなら今でも多くの人が、『日本書紀』の記述をそのまま信じているからである。そこでまずはこれまでの研究者の成果を参考に、一般的な理解がどのようなものであるか、その整理からとりかかろう。

『日本書紀』における仏教受容を巡る争いの最初の記述は、五五二年の仏教公伝の欽明十三年のことである。百済の聖明王から献上された仏像や経論を目の前に置き、欽明大王は仏教受容の可否を重臣たちに諮問（しもん）したという。大臣の蘇我稲目は「西方諸国はみな仏教を礼拝しており、日本はそれに見倣（みなら）うべき」、と崇仏を勧めた。一方の大連の物部尾輿は中臣鎌子（なかとみのかまこ）とともに「わが国の王は天地百八十神（あめつちももやそがみ）を祀っていることから、外国神を礼拝すれば国神の怒りをまねくことになる」、と反仏の立場を主張した。両者の意見は食い違い決着ができなかったが、結果的には試みに仏教を取り入れることとし、崇仏派の蘇我稲目のみが仏像の礼拝を許されたのであった。

仏教信仰が認められたその後、疫病（えきびょう）が流行し多数の病死者がでた。反仏派はこれを問題とし、「外国神を礼拝したための祟りである」、と主張し仏像の廃棄を大王に奏上（そうじょう）した。大王はこれを聞き入れ、仏像は難波（なにわ）の堀江（ほりえ）に流されるなどの廃仏（はいぶつ）行動が行われた。しかし翌五五三年には海中から樟木（くすのき）が引き上げられ、大王は仏像二体を造らせたとあるように、『日本書紀』の記述でも完全な廃仏が行われたとはされていない。

次の記述は五八四年の敏達（びだつ）大王の時で、蘇我氏は稲目から馬子（うまこ）の時代へ、物部氏は尾輿から守屋へと世代交代がなされている。馬子は大王から許可を得た上で、百済請来の弥勒菩薩像と佐伯連の持っていた仏像を譲りうけ、仏像を祀る許可を得て単独で崇仏を行った。その理由は、馬子が病にかかったとき、占い師から病の原因は「父の稲目のときに仏像が破棄された祟りである」と言われたことによる。

　仏教信仰に積極的となった馬子は、高句麗から渡来した僧であった恵便を見つけだし、彼を師とし同じく渡来人の司馬達止の娘である嶋を得度させ善信尼と名付けた。続いて善信尼を師として禅蔵尼、恵善尼の二人を得度させ三人の尼を敬った。さらには百済から来た鹿深臣が持つ弥勒石像一体、佐伯連が有していた仏像一体を請うてもらい受けた。そして馬子は自宅の石川宅に仏殿を造り、仏法を広めていった。

　しかし翌年五八五年に、再び疫病がはやり多くの病死者を出した。その時、反仏派の物部守屋と中臣勝海が「外国神を信奉したために疫病が起きた」と奏上し、三月に敏達大王は崇仏を止めるよう勅許をだした。それを受けて守屋は廃仏行動を開始し、仏殿を破壊し、仏像を海に投げ込ませたのである。守屋は馬子ら崇仏派を罵倒し、さらに三人の尼僧を差し出すよう命じた。馬子は命に従い、守屋は差し出された尼僧を全裸にして縛り上げ鞭打ったという。だが疫病は治まらず、ついには敏達大王や守屋さえも疫病にかかる事態になった。人々のあいだには「仏像を焼いた罪である」と噂が広がっていった。

この年の六月、馬子は病気が治らないため、大王に奏上して再び仏像を祀る許可を求めた。敏達大王は馬子に対してのみ崇仏を許可し、さらに拘束していた三人の尼僧を解放した。馬子は三人の尼僧を拝み、新たに寺を造り、仏像を迎えて供養した。八月には敏達大王が崩御されたが、その葬儀を行う殯宮でも馬子と守屋は互いに罵倒しあったという。

蘇我氏と物部氏の争いは激化する一方で、用明大王が五八七年に病のため崩御したことを機に、皇位継承を巡る政争が勃発した。物部守屋は穴穂部皇子を立て、蘇我馬子は泊瀬部皇子を推して戦った。その結果、六月に穴穂部皇子が殺され、七月には物部守屋も倒されたことで、崇峻大王が誕生しこの問題に決着がついたのである。しかし蘇我馬子が擁した崇峻大王も、馬子の命を受けた東漢直駒によって命を落とされる運命となるのである。

この後、仏教は国家の宗教としての基盤を固めていくことになる。すなわち厩戸皇子（聖徳太子）は四天王寺を建立し、馬子は法興寺を創建するなど、仏教興隆の具体的な施策が次々と進められていく。そしてこれらを契機に、日本人の精神文化に仏教が大きく根付いていくことになる。

●蘇我と物部の争いの原因は崇仏・反仏ではない

近年の研究では、蘇我氏と物部氏の争いは崇仏・反仏という信仰の問題ではなく、むしろ両氏の権力争いであるとの見方が有力である。もし権力争いだとすれば、なぜ『日本書紀』に崇仏派・反仏派の争いが記載されなくてはならないのだろうか。その疑問に対しては仏教の視点からの考察がなければ、十分な理解は得られない。

この疑問に応える前に、崇仏・反仏論を巡っての研究者の見解を紹介しておく必要があろう。すなわち『日本書紀』の崇仏・反仏論にかんする研究者の見解には、対極的な二論がある。一つは『日本書紀』の記述を史実とみるものであり、古くはごく一般的な立場とされていた。これに対するもう一つの見解は、『日本書紀』の記述は説話·創作であり、史実ではないとするものである。まさにこの二論は対極的な見解であり、歴史的価値観を変える大きな問題をはらんでいる。そして崇仏・反仏の争いを史実とする考えに立つ人物の代表者の一人が田村圓澄(たむらえんちょう)氏であり、説話にすぎないと新たな主張をした人物が津田左右吉(つだそうきち)氏である。

崇仏・反仏の記述が説話・創作であると主張した津田氏の考えを整理すれば、次の三つの理由からといえる。

①同一内容が繰り返されていること
②内容が中国の漢籍の表現の引き写しであること
③仏教教義が理解されていないのに思想的対立があったとは考えられない

「説話にすぎない」ということは、もちろん崇仏・反仏論が後の創作、すなわち作り話であることを意味する。そうなると『日本書紀』は、「なぜこのような崇仏・反仏論を書く必要があったのだろうか」、という別な疑問に対しきちんとした説明が求められることになる。

さて、津田氏が提示した三つの問題点は、私も基本的には同様な考えを持っている。しかしこのうち、①と②については歴史学の方面から、諸研究者による詳細な論文が提示されている。従って改めて私の意見を挟む余地は、ここにはない。しかし③の「仏教教義が理解されていないのに思想的対立は起きえない」との見解は仏教の問題であり、仏教学の視点からの考察が必要である。仏教が公伝された当時の日本人の仏教に対する思いは、受け止めは如何なるものであったのか。伝来時の仏教がどのような内容を持っていたのか。その実態把握の作業は、仏教の視点からはじめなくてはならない。

そのためには当時の神信仰、そして仏教信仰について、その実態から考察することが肝要である。先にも少し触れたが、私たちは神と仏は異なる存在と思い込んでいる。しかし日本は神仏混交の歴史であることを前提とすれば、神仏を分けて考えるのではなく、最初から繋がりがあると見る考えも重要である。なぜなら日本の神信仰と仏教信仰は、一神教のように自己の神のみへの敬虔な信仰を求めるのではなく、他との関係性を重視するからである。

たとえば仏教の縁起思想自体が因と縁のつながりの意義を説くものであり、それは神との関係の中にも神仏習合という形で現れている。言い換えれば仏教も日本の神信仰も、唯一絶対の理念をかざし敬虔な信仰を求める原理主義ではなく、連携和合を重視する多神教なのである。それ故、日本において神と仏は異教として争うのではなく、むしろ連携の方向に進み和合習合しつながりを深めていくのである。

ところでウィリアム・シェークスピアによるロミオとジュリエットの悲恋物語は、実は信仰上の対立が生み出したものである。すなわち若き二人の関係を邪魔するものは、話の上では家同士の対立とされているが、対立が生まれる背後にある真相は信仰上の問題である。二人の溝を作っているのは、両家の信仰の違い、つまり教皇派と皇帝派という所属する教派に原因があったのである。ロミオの実家モンタギュー家は皇帝派、ジュリエットの実家キャピュレット家は教皇派にあったことが悲恋物語の起因である。

さて仏教公伝時の状況を考えると、少なくとも当時の日本には宗教対立が成立するほど確立した教義と信仰があったとは思えない。またそれだけでなく、一神教ではない仏教や日本の神信仰は、本来対立を生み出す性格を持ち合わせていないのである。崇仏・反仏についての再考は、まず当時の人々の固有の神信仰と後から導入された仏教が、如何なる性格の宗教であったかを把握することからはじめなくてはならない。以上の視点をもって、次に神信仰の実態から考えることとする。

●日本の神信仰とは

日本の初期の神信仰は農耕生活と直結したものであり、村人が力を合わせ作物を造るという地域共同体において、育まれ、形成され、整えられてきた。農耕技術が十分でなかった当時は、作物の収穫は自然の力にまかせる部分が多く、豊作を願い人々は自然を頼みその恵みに感謝することになる。神は自然そのものであるから、仏像のように人間的な姿形を持っていない。それ故、神は降臨はするが姿を現さない、姿を隠しているのが当時の神信仰である。しかし人々は神との接点を何らかの形で求めるようになり、神が降臨する場所を山と定めた。神は山に降臨することから人々の祈りの対象は山そのものとされる。それが次第に神体山（しんたいさん）信仰という形態に展開するのである。

このように神への信仰は基本的には自然に対する祈りであり、人々は神の加護あらんことを願い神の降臨を期待するのである。すなわち神請来（しょうらい）のための儀礼が、神迎えや神送りの祭祀（さいし）である。しかし祭祀を中心となって司（つかさど）る者は共同体を束（たば）ねる豪族（ごうぞく）の長（おさ）であり、現在私たちが認識している神主（かんぬし）のような聖職を専門とするものではなく、あくまでも在俗の長でありそれを超える存在ではない。そして姿を見せない神の声を伝える役割は、霊力をそなえた女性すなわち巫女（みこ）であった。

神を迎えるための祭事は、豊年を祈願する祈年祭（としごいのまつり）、収穫までの自然の順調な運行を祈願する月次祭（つきなみのまつり）、そして収穫を祝う新嘗祭（にいなめのまつり）の三つが柱となっている。当然ながらこれらの祭事の催（もよお）しは五穀豊穣（ごこくほうじょう）や除災招福（じょさいしょうふく）などの現世利益（げんぜりやく）を願うものであって、そこには難解な教義などは全く必要としなかった。それ故、信仰の対象としての鳥居（とりい）や拝殿（はいでん）などの宗教施設もあろうはずもなく、またこの時代においてはそこまでの信仰形態が構築されるにまでに至っていなかった。

祈りの本体である神は、神奈備（かんなび）あるいは御室（おむろ）とよばれる神体山そのものであるが、そのなかでも具体的には神が宿る場所、すなわち山頂にある磐座や磐境とされた。しかし必ずしもこれらに限らず、大樹・滝・湧水・岩などの神が宿るもの、すなわち神籬などと称される依代があればよかったのである。

このように神々は天上にあり、必要に応じて人間世界に降臨する存在として信仰されていたのだが、時代の推移の中で人々の心に次第に変化が生じてくる。たとえば山頂のみに降臨する神もそこに止まるのみではなく、人里近くあるいは実際の農耕の場である田であっても現れることを願うようになった。人々は、できるだけ自分たちの生活の場の近くに神が降臨してくれることを期待したのであった。そして山の麓や田畑があるところに、里宮・田宮と呼ばれる場を設定した。神は願いに応じこれらを依代に降臨すると信じられ、降臨を期待する人々は神迎えや神送りの祭事を催し神を労った。神迎えの祭事は地域共同体ごとに行われていたので、村々には彼らが信仰する神が存在することになる。それ故、八百万の神が降臨することになり、祭も地域ごとに多様化していった。

このような素朴な形態であった生活も、人口の増加、農耕技術の進歩、墾田の拡大などによって変化が生まれてくる。さらに豪族による領地の拡大も進んでくると、地域共同体においても人的あるいは経済的な格差も生まれてくる。このような生活の基盤が変わってくると、人々の心にも次第に考え方の変化が現れてくる。なによりも地域を支配する豪族たちは、この変化に対応しなくてはならなくなった。

神に対しても去来するのではなく、仏・菩薩のように自分たちの近くに常住(じょうじゅう)し絶えず自分たちを見守る存在となって欲しい、と願うようになる。つまり神社の出現を願うようになり、最初期は里宮を神社として認識していた。しかしこのような流れに向かっていったとはいえ、実際には神信仰の形態には急激な変化が現れるには至ってはいなかった。すなわち社殿が誕生し、神信仰の形式が整ってくるにはもうしばらくの時間が必要であり、その時期は八世紀前後まで待たねばならないのである。

●蘇我と物部の争いの背後にあるもの

さて話をもう一度蘇我と物部の闘争に戻そう。蘇我と物部の双方の争いの原因が、崇仏・反仏の宗教対立でなかったことは、当時の政権を担(にな)っていた人間関係を見れば自ずから明らかになる。

蘇我氏と物部氏の闘争は、「用明(ようめい)大王が崩御したことを機に勃発したもので、その原因は皇位継承を巡る政権抗争である」、といっても言い過ぎではない。つまりは穴穂部皇子(あなほべのみこ)を掲げた物部守屋と、泊瀬部皇子を擁した蘇我馬子との、まさに皇位継承をかけた権力闘争である。この時代の天皇の姻戚関係はとにかく複雑なので、まずは人間関係から把握することからはじめたい。欽明天皇からの系統図を示せば、左記の通りである。

欽明天皇（二十九代）
- 敏達天皇（三十代）
- 用明天皇（三十一代）――厩戸皇子（聖徳太子）
- 穴穂部皇子
- 崇峻天皇（三十二代）（泊瀬部皇子）

系統図を見れば一目瞭然に分かるが、敏達天皇・用明天皇・穴穂部皇子・崇峻天皇はすべて欽明天皇の子であり、中でも穴穂部皇子・崇峻天皇の二人の母親は蘇我稲目の娘の小姉君である。また用明天皇の母親は、同じく蘇我稲目の娘の堅塩媛であり、小姉君の姉である。そしてこの二人の姉妹は蘇我馬子の妹であるから、実質的には蘇我馬子の一族が天皇家を支配していたといってよいだろう。

さらに敏達天皇の后である額田部皇女は、後の推古天皇（三十三代）である。加えて、蘇我馬子は物部守屋の妹を妻としている。これだけ見ても、天皇家において蘇我氏の姻族が権力の中枢にあり、絶大な勢力を有していたことが分かる。

その蘇我馬子が物部守屋を倒したことで崇峻大王が誕生したのだが、この崇峻大王も馬子の命を受けた東漢直駒（やまとのあやのあたいのこま）によって命を落とされる運命となるのである。まさに蘇我と物部の争いは、仏教受容の是非を巡る宗教対立にあるのではなく、天皇の跡目を巡っての政権を争う権力闘争そのものなのである。

先にもふれたが、日本の神信仰や仏教の教えは、自分の神のみを絶対とし他の信仰を許さない、という原理主義的なものではない。すなわち日本の神信仰は一神教とは性格を異にする多神教である。また新たに渡来した仏教も縁起の法を教理の要としているように、他との関係性を重視し、和合融合を旗標（はたじるし）とするものである。自分の神のみが真の神であり、他の神は邪神として否定する一神教とは異なり、仏教は他を排斥するものではない。それ故、仏教が新たに日本に伝来した外国神とはいえ、人々の仏教の受け止め方は神が一つ増えた程度の認識であったと思われる。しかも百済より公伝された仏教の実態は、仏像や経典が伝わっただけで、その教えを宣教する僧侶の存在はなかったのである。僧侶なくしての宗教戦争は起こりえなかった、と見るほうが自然なのではなかろうか。

日本で最初に僧となったのが尼僧であった事実こそが、当時の仏教の性格を象徴的に物語っている。すなわち公伝された仏教は、私たちが思い込んでいる教理教学に身を固めたものではなく、教学が構築される以前の段階のものであった。つまり華厳学や唯識学のような高尚な教学を訴えるものではなく、人々の願いをかなえる現世利益を主体とした信仰であり、いわばシャーマン的要素の色が濃いものであったことを示している。結論的に言えば、伝来時の仏教の実態は、巫女が司祭する日本の神信仰と内容的にはさほどの違いはない、といえよう。

このような見解に立てば、兄弟親戚が死を賭して争う理由として、仏教受容を巡る反仏・崇仏が第一原因であるとする考えでは説得力に乏しい。むしろもっと別な理由が存在するはずである。もちろん現段階では決定的な証拠はなく、推測の域をでるものではない。しかし蘇我と物部の争いの根本原因は、少なくとも神を選ぶか仏を選ぶか、といった信仰の相違にあるのではない。国家祭祀の主導権を争う権力闘争そのものなのである。

●『日本書紀』の記述の真相

話をもとにもどそう。『日本書紀』の崇仏・反仏の記述の真偽についての問題点は、すでに津田氏の考えを紹介しておいた通り権力闘争にほかならない。その点について、さらに詳細に追求したのが北條勝貴氏である。

北條氏は「祟・病・仏神――『日本書紀』論争と『法苑珠林』――」の論文で、『日本書紀』の「二度にわたる反仏の記述が酷似した形式でのべられている」ことに着目している。すなわち酷似した記述が重ねられていること、「それこそが史実ではなく説話の証拠である」と論じている。具体的には「蘇我大臣が疾を患ったのは、父の祀っていた仏神の祟りである」、と卜者が占ったという『日本書紀』の記述に対し、「病が卜占を通じて仏の祟り」とする考えは、「八世紀以前の日本には全く見受けられない」と述べている。つまり仏や神が祟るという怨霊信仰が出てくるには、時期的に早すぎるということである。

怨霊信仰とは、種々ある災厄のなかで、特に恐れられていたのが疫病の流行である。その疫病の原因を政権にあって不遇な死を遂げた人々の恨みによるものとした。たとえば藤原広嗣、井上内親王、他戸親王、早良親王などが、亡霊になったとされる最初期の人である。御霊会はこうした亡霊を復位させたり、諡号・官位を贈るなどして霊を鎮めようとしたものである。つまり神として祀れば、その御霊は祟りではなく、鎮護の神として人々に働きかけるようになる、という考え方が平安期を通して信仰されるようになったのである。これが御霊信仰であり、その鎮魂のための儀式として御霊会が宮中行事として行われるようになった。この御霊会が記録上（『日本三代実録』）最初に確認できるものが、八六三年（貞観五年）五月二十日に神泉苑で行われたものである。すなわち、この時代には日本では祟りの信仰はまだ無かったといってよい。怨霊信仰が明確に取りざたされるのは、平安時代以降とするのが大方の見解である。

換言すれば、卜占も祟りも中国的概念であり、それ故、崇仏・反仏の記述は「中国の典籍を下敷きにして日本で作られた説話」と主張するのが、北條氏の論理である。すなわち北條氏は『日本書紀』の崇仏論争の記述の中核部分は、『法苑珠林』の「十悪篇邪見部感応録を主要な典拠として述作したもの」、と指摘しているのである。『法苑珠林』とは、六六八年に道世が著したもので、全百巻からなっている。内容は様々な仏教典籍から必要事項を選び出し、これを整理集成した仏教事典的な書物である。

このように『日本書紀』の崇仏・反仏の記述が、中国の典籍や仏典などを依用し、編纂者が意図的に作ったものとすれば、その理由はどこにあり、何を目的としたものだったのだろうか。一つ考えられることは、『日本書紀』が編纂された時代には、すでに仏教が日本に定着し、仏教が日本の思想や文化をリードしていた時代であったことにある。仏教は日本国家の柱であり、なくてはならない存在となっていたのである。それ故、大切な仏教を日本に定着させた功労者は、なによりも増して高く評価されることになる。仏教を受け入れ興隆させた功労者が蘇我氏であるとすれば、間違いなく蘇我氏の権威は増大することになる。

しかし蘇我氏は、大化の改新によって中大兄皇子と中臣（藤原）鎌足によって滅ぼされた一族である。といっても、蘇我氏が天皇家と結びつき政権の中枢にあったことは事実であり、その事実は歴史から消し去ることはできない。そこで蘇我氏の存在価値を、政治に置くのではなく仏教を支持したところに置くこととしたのである。しかも物部氏という強力な反仏運動に会いながらも、その試練を乗り越えて仏教受容をなしとげた、というシナリオを作ったのである。蘇我氏はただ自分の欲望のみで政権抗争に勝利したのではない、という筋書きである。蘇我氏の存在の偉大さを強調するためには、反仏という試練を乗り越え仏教を日本に定着させたという話はまさにうってつけであり、最高の材料であった。蘇我氏の大義名分を『日本書紀』に正史として残すこと、その目的のため漢籍や仏典などの記述を利用し、反仏・崇仏というまことしやかな話を作り出す必要があった、と見ることができる。

●物部氏は本当に反仏教徒だったのか——渋川廃寺を巡って——

物部氏は『日本書紀』の記述のように、本当に反仏論者だったのだろうか。そうではなかったという情況証拠もあることから、『日本書紀』の記述についてもう少し再考する必要があろう。大阪の現八尾市（やおし）渋川で、一九三五年の調査で豊浦寺（とゆらでら）系統の高句麗系丸瓦（まるがわら）が出土した。言うまでも無いが、この地は物部氏の本拠地である。

この豊浦寺とは、百済の聖明王から送られた仏像を、蘇我稲目が自宅に祀ったのが創建とされている寺であり、飛鳥寺（あすかでら）と同時期の古刹である。『日本書紀』によれば、五九二年に推古天皇がこの豊浦宮で即位し、その十一年後の六〇三年に天皇は小墾田宮（おはりだのみや）に居を移したという。この豊浦宮を蘇我馬子が譲り受け、豊浦寺とし尼寺として用いたのである。平成五年の発掘調査の報告によれば、豊浦寺の建物の配置が飛鳥寺と同じという。この調査報告に従えば、「豊浦宮跡を寺にした」との『日本書紀』の記述が実証されたことになるのである。物部氏の本拠地で飛鳥寺と同時期の寺院の遺跡があったことは、物部氏が建立したと考えるのが自然であろう。

渋川の地は平野川（ひらのがわ）・長瀬川（ながせがわ）が流れ、難波津と大和を結ぶ水上交通の要所で物流の拠点である。この時代、これらの河川の水量はかなり豊富であったと伝えられている。いうまでもないがこの地は、朝鮮から文物が運ばれる中継の要所でもあった。つまり渡来人との交流の地点であり、ここを統括していたのが物部氏である。

この渋川の地を発掘調査して出土した瓦が、その文様から推定して六二〇年から六三〇年ころの製作とみなされている。すなわちこの瓦を用いて建立された寺院、つまり渋川廃寺は河内（かわち）では最古の飛鳥時代の寺院ということになる。

すでに検討してきたように、『日本書紀』によれば物部氏は反仏派の筆頭と目されている。しかしこの渋川廃寺が物部氏の本拠地に建立された寺院とすれば、物部守屋が造寺した可能性が強い。仮にそうならば、渋川廃寺は守屋が戦死する以前であるから、馬子の建立した日本最古という法興寺（ほうこうじ）（飛鳥寺）より古いことになる。寺を建立していたとすれば、物部氏は反仏論者ではなく、むしろ仏教を信仰していたと考えざるを得なくなる。

このように推理すれば『日本書紀』の伝承通りに物部氏を反仏派であるとみなしてしまうこと、すなわちそう決めつけてしまうのはあまりにも短絡的すぎるのではなかろうか。そのような視点から再考すれば、『日本書紀』に記された物部氏が行ったという仏像の投棄などの反仏を示す数々の行動記述も、いたずらに信用することができない。なぜなら『日本書紀』が蘇我氏側の伝承をもとに書かれていることは自明のことであり、それ故に物部氏反仏説の記述は、必ずしも事実であったとする確証とはならないからである。

また物部氏は百済とも親交があり、国内で祭祀にかかわる氏族であったことを勘案すれば、むしろ仏教に理解を示していたと考えるほうが妥当である。安井良三氏は論文「物部氏と仏教」のなかで、「渋川廃寺の存在こそ、物部氏が崇仏者であったことを物語っている。渋川廃寺を建立したのは、物部守屋もしくはその同族」、と言い切っているのである。物部氏が仏教徒であったとすることは、次に述べる物部氏と阿刀氏との関係においても同様に思えるのである。

●渋川の地と阿刀(あと)氏

大和朝廷(やまとちょうてい)にとって韓半島や中国などとの対外国の交流交易は、経済・文化・政治などあらゆる面から見ても、かけがえのない大切なものであった。言うまでもなく、交流交易をより円滑に進めるには、よりすぐれた環境整備、すなわち条件の良い外港の確保は第一の課題である。その意味で難波津(なにわづ)は格好の場であったのである。つまり難波津は大和川(やまとがわ)の河口にあり、瀬戸内海を通って大和へ向かう人々にとって、まさに海と川との交流点であり貿易の要(かなめ)の地であった。

今日のように車や鉄道で物資を輸送する時代ではなく、当時は船での運搬が主流であった。それ故、外国と大和を結ぶ水陸の交通ルート維持管理は重要で、こういった水上交通の運営は朝廷にとって極めて重要な課題であった。言わずもがなであるが、陸上で米などを大量に運搬するには膨大な人手が必要であり、また道路の整備とこれを維持管理するには想像以上に負担が大きい。それに対し河川を利用した船による運搬は、少ない人手で大量の物資を運ぶことができる。特に海外との交流を視野に入れれば、すぐれた外港の確保こそが国家繁栄の要であることは自明の理である。

この渋川の地はまさにそれに適(かな)っており、海と川を結ぶ要所であり、まさに海外との交易の条件を満たすに打ってつけの場所であった。まさに大和川は大和盆地の諸流を集め河内平野に流れ込み、難波津につながっている絶好の交通の要所なのである。物部氏は、この大和と河内を結ぶ重要な水上交通を治めていたのである。

この大和川の流域を実際に管理運営していたのが、物部氏と同族となる阿刀氏である。本書の第二篇において要の人物となる空海(くうかい)は、この阿刀氏と深く関係する。つまり空海を生んだ母親が阿刀氏の出身なのである。空海については後に詳述しなくてはならないので今は触れず、とりあえず阿刀氏について述べておきたい。

阿刀氏の一族は、この大和川一帯に居住していたとされている。本拠地は渋川に隣接した阿刀村であり、この周辺には現在も「あと」と表音(ひょうおん)する地名が現在も多数残っている。この地には阿刀氏が奉斎(ほうさい)した跡部(あとべ)神社が建立されているが、それは阿刀氏の力の大きさを示している。すなわち跡部神社の存在こそが、阿刀氏がこの地に本拠を構え勢力を持っていたことを如実に物語っているのである。
「あと」は跡（部）・阿刀・阿斗・阿都・迹などと、様々な漢字があてられているように音写語であり外来の言葉とみなすことができる。この跡部郡一帯が阿刀氏の活動の拠点であり、阿刀一族は渡来人との接点であるこの地に居住し、交易による利点を有効に活用していたのである。つまり阿刀の一族は、渡来する人々の知識を大いに摂取して、外交や貿易に励んでいたことが知られる。

この阿刀氏が記録に登場するのは、阿刀連智徳が大海人皇子に従い、壬申の乱に参加した記述が最初とされている。これ以降しばしば国史に阿刀氏の名が見えることになるが、官位は従五位以下であったようだ。彼らが住居とした阿刀村には、新羅と伽耶の使者たちを置いた「阿斗河辺館」が建立されていた。そして阿刀氏が生業とする職業は、貿易はもちろんのこと、それ以外に造寺・造仏・写経などの仏教と深く関わる仕事に携わっていた。そのためか、一族の中には奈良時代に活躍した義淵・玄昉・善珠・道鏡などの僧、そして阿刀大足・阿都笠主などの文官など多数の人材を次々と輩出している。特に僧侶に関しては、義淵などの阿刀氏出身の僧に注目すべきであることを指摘しているのが武内孝善氏である。武内氏は「阿刀氏出身の僧で、内供奉に任ぜられていた僧はいない」としながらも「これらの僧は、山林修行により、摩訶不思議な力・験力が認められ、内道場に出仕するようになった。つまり、呪術力をもって名前を知られるようになった」（密教学会報第五十号）と述べている。このことは阿刀氏の僧が山岳修行者や雑密の僧との関係の深さを暗示している。

　では彼らはどのような僧であったのか、概略を紹介しておきたい。まず義淵（六四三〜七二八年）であるが、彼は法相宗の僧で元興寺で唯識学を修めた僧である。『続日本紀』によれば「内裏に供奉して一つの咎愆なし」とあるように、内裏にあって人徳者とされ高く評価されていたことがわかる。

　玄昉（？〜七四六年）はこの義淵の弟子にあたる。玄昉の人生は極めて精力的でありドラマチックである。たとえば七一七年に学問僧として唐にわたり、十八年間とどまり智周に法相を学んだ。そして玄宗皇帝にその才能を認められ、紫の袈裟を下賜されたと伝えられている。その後帰朝し、五千巻ともいわれる膨大な経論を日本に持ち帰った功績がある。その働きが認められた玄昉は七三七年（天平九年）に僧正に任じられて内道場すなわち内裏に入った。また聖武天皇の母である藤原宮子の病気平癒を祈願し、回復させたことからさらに信頼され賜物をうけた。これらの実績によって聖武天皇より篤い信頼を獲得し、吉備真備とともに政治的な権力をも得た。しかしその反面批判勢力も台頭し、藤原仲麻呂が勢力を持つようになると事態は一変する。すなわち七四五年（天平十七年）に筑紫観世音寺別当に左遷され、翌年にその地で没したのである。

道鏡は渋川の地、阿刀氏の拠点である現在の大阪八尾市に生まれた。義淵の弟子となり、良弁から梵語を学んだといわれる。その後内道場に入ることを許され、禅師に列せられた。特に七六一年（天平宝字五年）に、病を患った孝謙上皇（後の称徳天皇）の傍に侍して看病した成果が認められ、それ以降寵愛を受けることとなった。そして七六三年（天平宝字七年）に少僧都に任じられ、翌年には太政大臣禅師に任ぜられ、さらに法王となるなど一挙に地位が高まっていった。しかし皇位を望んだということで反発され、結局は失脚したことは有名である。いずれにせよ道鏡は、葛木山などに籠もり山岳修行を実践し、身につけた呪力をもって看病禅師の信頼を獲得したことは重要なことである。

善珠（七二三〜七九七年）は玄昉の弟子で、同じく法相唯識を学んだ法相宗の僧である。奈良時代を代表する学問僧で、『唯識義燈増明記』・『唯識分量決』などをはじめ二十ほどの著作を残している。

このような奈良時代を代表する僧侶を輩出したのが、阿刀氏の一族である。具体的には内裏に深く入り込み、看病禅師としての地位を得て、天皇との直接的な関係を築いていたことは重要な意味を持つものである。看病禅師としての立場の確保、また法相宗とのつながりを持ちつつ、さらには呪力を備えるために雑密の山岳修行者とも深く関係していたことは注目すべきである。反仏側と目された物部氏の一族であった阿刀氏が、なぜこのように多くのすぐれた僧侶を輩出したのであろうか。その実際の理由は不明だが、少なくとも仏教を否定し排除する立場であれば、このような結果は得られないと私は思っている。

加えて言えば、空海の母方の叔父で学問を手引きし大いに影響を与えた人物。すなわち伊予親王の侍講を努めた阿刀宿祢大足も阿刀氏である。そして撰日本紀所へ出仕していた安都宿祢笠主も同じ阿刀氏の一族なのである。

●韓半島における仏教の動向

ここでしばらく眼を日本から韓半島へと移そう。仏教の伝来とその後の展開を探っていくには、日本のみに眼をやっていただけでは充分ではないからである。極論といわれるかもしれないが、当時の日本文化の状況を鑑みると、人も物も含め海を渡ってきたものの恩恵によるものである。特に韓半島からの影響は大きく、それを無視しては日本の文化の本質を語ることはできない。

古代においては、韓半島と日本の関係はそれほどまでに重要なのである。韓半島の動向については先にも少し触れてはいるが、確認の意味を含めここに再考しておきたい。

韓半島へ仏教が伝来したのは、高句麗・百済・新羅の順である。高句麗へは三七二年に中国から公伝した。高句麗に仏教が公伝した当時の中国は、異民族がかわるがわる中国北部を統治していた五胡十六国時代であった。前秦王の苻堅（在位三五七～三八五年）が僧侶の順道と仏像などを高句麗に贈ったのであるが、それが韓半島へ仏教が伝来した最初である。もちろんそれ以前にも、個々には仏教が伝わっていた可能性は十分考えられる。たとえば「東晋の支遁（三一四～三六六年）から高句麗道人に送った書簡」などにもその萌しは見られるが、公伝したものではない。

百済に仏教が最初に伝わったのは、高句麗に公伝してから十二年後の三八四年である。百済に仏教が伝来する契機は、中国江南の東晋から摩羅難陀が来朝したことである。百済王は積極的に摩羅難陀を迎え入れ、大切に扱ったのが百済仏教のはじめである。摩羅難陀の素性は明確ではないが、次の年には百済王は彼のために寺を建立し、すぐさま十人の僧を得度させた。

新羅に仏教が公伝されたのは五二八年であり、法興王の時代である。この年代は日本への仏教公伝のわずか十年前、百済に仏教が公伝したときから数えれば一四四年もの時間を経た後ということになる。高句麗や百済の二国に比較し、仏教の伝来が極端に遅いのである。海で隔てられた日本とは違い、新羅は高句麗や百済と国境を接していて、情報の伝達は早いはずである。高句麗や百済に国境を接している新羅に仏教が全く伝わっていなかったとは考えにくく、民間レベルで私的に仏教が伝わっていたことは容易に推察できる。新羅への公伝が遅かったことについては、後で少し触れるが、その原因は中国との政治的関係すなわち冊封体制にあるのかもしれない。

それはともかく新羅は仏教公伝以降は、積極的に仏法興隆につとめたのである。法興王の王位を継承した真興王は、法興王が公認した仏教政策をさらに推し進めた。たとえば新羅仏教の中心となる皇龍寺を五六六年に完成させたのを手始めに、次々に祇園寺・実際寺・永興寺などの寺を建立した。中でも皇龍寺には五七四年に丈六仏を鋳造して収め、同寺は新羅仏教の中心となった。また仏教に関わる事物・学僧を国外から盛んに導入し、五四九年には梁から僧覚徳と仏舎利を、五五一年には高句麗から僧恵亮を、五六五年には陳から僧明観と仏典、一七〇〇巻を得た。五七六年には中国に求法留学していた安弘法師が胡僧の毘摩羅を伴って帰国した。真興王は恵亮を僧侶の最高職位である僧統に任命し、新羅で初めての百座講会と八関会とを催させたのである。

ここで冊封について述べておきたい。冊法体制とは、称号・任命書・印章などの授受を媒介として、中国の「天子」と近隣の諸国が取り結ぶ君臣関係をいう。冊は文書のことであり、それ故、冊封とは「文書を授けて封建する」と言う意味になる。つまり中国から冊封を受けた国の君主は、王や侯などの爵号を授かり、少なくとも形式上は中国皇帝とも君臣関係が結ばれることになる。この冊封体制を受けることで、諸国は中国皇帝の臣下という関係となってしまう。しかしこれは表面上のことであって、実際には諸国の体制はそれぞれの国王が支配するもので、国内の状況が変わるものではなくそのままでよい。すなわち領土が中国に没収されるのではなく、それまで通り国家の自治自立はそのまま認められるシステムなのである。但し、冊封国には毎年の朝貢や中国の元号・暦を使用することなどが義務付けられ、ときには中国から出兵を命令されることもある。またその逆に冊封国が他国から攻撃を受けた場合は、中国に対して救援を求めることができる。

この冊封体制に組み込まれたのは、高句麗が三五五年、百済は三七二年のことである。しかし新羅の場合は五六五年であり、真興王の時代となってからである。新羅がかなり遅れて冊封体制を受けた理由は、中国から遠隔にあり直接的な脅威が薄い、という地理的条件もあったと思われる。しかし、一旦仏教を受け入れてからは、急速な勢いで仏教を吸収し積極的に用いていったのである。仏教はそれぞれの国の律令制度の整備に伴い、国家の理念としての役割を担っていった。特に新羅においては、護国思想の理念として仏教を依用し、韓半島統一に大きな影響を与えた。

新羅の真興王は、積極的に行動し自国の領土拡張に務めた王である。その真興王は五四一年に百済との同盟関係を持ち、五四八年に高句麗が百済に攻め込んだときには百済を助けた。しかし五五〇年の高句麗と百済との交戦の時には、両国で争っていた地を奪い取った。さらに新羅は、五五三年には百済が高句麗から取り戻したばかりの漢山城（かんざんじょう）を奪うなど、百済と戦いを開始しその関係は悪化する一方となった。そして五五四年に、百済の聖明王は伽耶（かや）と結び、また日本に応援を求め新羅に戦いを挑んだ。しかし新羅はこれを殲滅（せんめつ）し聖明王はここに戦死した。

新羅はさらに五五一年に高句麗領に侵入し領土を拡大するのだが、さらに五六二年に「任那（みまな）の官家」すなわち伽耶を制圧し、朝鮮半島南東部はすべて新羅の支配するところとなった。その後武烈王が出て新羅が朝鮮を統一するまで、三国は熾烈な争いを余儀なくされることになる。

戦いの場となった伽耶国は、鉄が産出される重要地であり、日本にとっても大切な国である。伽耶が新羅の手中に落ちたことは、新たな新羅との国交を持たない限り鉄のルートがとぎれることになる。日本にとっても新羅問題は大きな政治課題となった。

●花郎（ファラン）の存在

新羅が韓半島を統一する力を発揮した背景には、花郎組織の存在を考慮しておく必要がある。新羅に花郎が誕生したのは、真興王の先代の法興王時代からといわれている。つまり新羅に仏教が公伝されて間もなくということになる。当然ながら政治は国王の専政事項であるが、祭祀に関しては王族の女性すなわち王妃も関与するようになった。古代において特に忘れてならないことは、政治と宗教は必ず結びついていることである。国を治めるには宗教の力はなくてはならないものであり、新羅にもまた宗教と強く結びついていたのである。法興王は宗教の必要性を熟知していたからこそ、宗教組織を起こしたのである。それが花郎組織なのである。統一新羅をなしとげた武烈王も、この花郎組織に属していたといわれている。

花郎とは、一口にいえば「宗教を介して戦士を育成する青年集団」であり、この花郎組織の存在が、新羅の韓半島統一に大きな力を発揮したといわれている。もちろん花郎組織が結成された当初は、軍事的な働きを期待するものではなかった。むしろ最初の目的は武力をもった軍事集団というイメージではなく、祭祀を司る宗教的な色合いが濃かった組織と考えられる。

結成された当初の花郎集団は、神と交霊する祭祀者である巫女を二人と定め、これを源花（ウォンファ）と呼び集団の頂点に据（す）えたのである。この源花を花郎と称し、このもとに付属する青年戦士たちを花郎徒と称したのである。まさに源花は祭祀をとりおこなうことを主体とする巫女であり、宗教的色彩を前面にだしていたことは類推できよう。だが花郎集団はそれだけではなく、新羅の将来を担う有能な若い臣下を集める目的もあって組織されたものでもある。源花を置いたことで、実際に多くの若者が応募し花郎組織は次第に拡充していったのである。

源花のはじめは南毛（ナンモ）と俊貞（チュンジョン）という二人の美女であったという。しかし祭祀を行うべきはずの二人は、宗教者としての本来の目的を見失なっていく。美女であるがゆえにこの二人の源花は眉を競うことに夢中になり、互いに嫉妬し争うようになった。二人の争いは次第に激化し、内紛を引き起こし、ついには両者とも命を失う事態に陥（おちい）ってしまった。この状況を愁いた真興王は、花郎組織を見直すことを決意し、花郎を女性ではなく男性としたのである。しかし源花のイメージは残し、容姿端麗な男子を選び出し巫座（ふざ）につけたという。このように花郎組織を改革した真興王は、新たな花郎と花郎徒を厳しく教育し、信仰にもとづいた文武両道を備えた戦士を育成することに力を注いだのである。

では花郎組織の内実はどのようであったのか。まず宗教の面から見ると、花郎徒たちは基本的には仏教徒であり、とりわけ弥勒（みろく）の信仰者であった。彼らは特に新羅の東海岸沿いの山岳に分け入り鍛錬を積み、また弥勒窟（くつ）に入り煎茶供養（せんちゃくよう）の儀式をなしていたと伝えられている。この山岳における修行は、弥勒信仰だけではなく道教の神仙思想とも混交していたと考えられる。

花郎の最上者は国仙とも呼ばれている。この呼称は「国の弥勒」という意味にも解釈されているが、むしろ古来の神信仰か道教の信仰をあわせもっていると捉えるべきであろう。すなわち花郎は弥勒信仰を中核とし、道教と新羅固有の呪術的な神信仰、それに儒教をもあわせもっていたのである。言い換えれば、新羅の宗教はもともと持っていた神信仰を捨てることなく、これに仏教・道教・儒教の三教を取り入れ融合したものなのである。神仏混淆は中国でもそうであったし、とりわけ不思議な現象ではない。

花郎は武芸と宗教的素養が必要であるとともに、加えて文化教養も身につけなくてはならなかった。花郎は山岳修行を行う一方で、三山五岳などの名山や大川を遊覧しながら歌を詠み風流精神を磨いていたという。三山五岳の名称については、『三国史記』によれば、三山とは「奈歴山・骨火山・穴禮山」であり、五岳とは「東の吐含山・南の地理山・西の鶏龍山・北の太伯山・中央の父岳山」とされている。三山の場所は現在どこにあるのか分からないが、ちなみに「東の吐含山」は慶州にあり現在は世界遺産に指定されている。

この風流・風月の心は、花郎徒に文学的な素養を身につけさせることにより、新羅人としての道義精神を養う上で必要なこととされていた。花郎徒にとって歌楽を学び風流を身につけることは、個人の知識や教養を備えるだけが目的ではなかった。すなわち風流・風月の心は、山神・竜神・天神の意を感じ取る宗教行為でもあり、これを学ぶことは新羅固有の神信仰に直結することなのであった。

このように弥勒信仰を持ち、道義をふまえ、歌舞音曲といった芸術的教養を深めるとともに、一方では軍人としての訓練も積み、いわば文武両道を備えた優れた兵士として国家に貢献した若き集団が花郎徒なのである。花郎徒の多くは貴人の出身と伝えられているのは、文武両道という精神と肉体の両方を求め、次代のリーダーを養育する目的があったものと考えられる。また花郎が化粧をしたと伝えられているのは、弥勒浄土の世界を意識したからである。それは単に美しく見せることではなく、化粧をほどこすことで弥勒になりきり、花郎は弥勒の化生(けしょう)であることを形の上で示す意味があったからである。

この花郎集団を、国家制度とし組織化して、積極的に活用したのが前述した真興王である。真興王の時代に新羅は花郎集団を用い、積極的に高句麗や百済に侵略し領土を拡大するとともに、さらには伽耶諸国を支配下におくなどの成果をあげた。その軍事行動の中核の役をなしたもの、それが花郎集団なのである。

このように多様な側面を持っている花郎徒の基盤、それこそが弥勒信仰を中核に据えた仏教なのである。そしてここで重ねて述べておくが、注意すべきは神仏混交という形態は、何も日本ではじまったものではなく、このようにすでに韓半島においてもなされていたのである。さらにいえば仏教が中国に受容されたときも同様であった。つまり仏教が中国に伝来した当初は、仏教を理解することが困難であったために道教などの老荘（ろうそう）思想を用いていた。それを格義（かくぎ）仏教というが、仏教受容は教理の異なる思想との融合からはじまったのである。このことは日本における仏教受容においても、考慮に入れておくべきことではなかろうか。

●新羅における弥勒信仰

再度確認しておくが、花郎集団は仏教だけではなく道教や土着の信仰を合わせ持ちつつも、あくまで主体は弥勒信仰にある。花郎徒が「弥勒の化生」であると自他共に認識されていたことは、彼ら自身に無意識のうちに大きな力を備えさせることにもつながっている。弥勒そのものになるべきことを自負する花郎徒にとっては、死した後は弥勒の浄土である兜率天（とそつてん）に往生（おうじょう）がかない、いずれは弥勒とともにこの世に再来できると信じていた。それ故、花郎徒にとっては死は恐れるものではなく、弥勒浄土に往生できることであり、それ故、烈（はげ）しい戦いに接しても怯（ひる）むことも躊躇（ちゅうちょ）することもなかった。このような弥勒信仰を基本に据えた花郎徒集団は、新羅躍進の精神的支柱であるだけではなく、新羅国家建設の軍事的な原動力となっていったのである。

　この弥勒に関する説示は「弥勒三部経」、すなわち『仏説弥勒菩薩上生兜率天経』『仏説弥勒下生経』『仏説弥勒下生成仏経』に記されている。これらの弥勒経典によれば、弥勒は釈尊が入滅し無仏となった時代にあって、次に現れる新たな仏として位置づけられている。釈尊が入滅しより所を失った人々は、釈尊の再来としての弥勒の出現を願って止まなかったのである。その願いに応えるのが未来仏である弥勒如来であり、まさに釈尊の名を変えた新たな如来の再現なのである。菩薩という名称は、釈尊の成道以前の姿すなわち悉達太子に重ね合わせたからである。弥勒はまさに釈尊の後継者といってよい。前述した弥勒経典の記述によれば、弥勒は現在は菩薩として兜率天で修行しつつ説法教化している。その弥勒菩薩は、釈尊が入滅してより五十六億七千万年の後には弥勒如来となってこの世に下生し人々を救うと記されている。花郎徒が「弥勒の化生」と言われる背景は、まさにその故事によるものである。

　周知のように、韓半島にはこの半跏思惟の形をもった弥勒菩薩像が数多く発見されている。そして弥勒菩薩像の大半は、時代的には六世紀後半から七世紀後半に集中している。しかし不思議なことに、今現在の段階では高句麗には弥勒像は発見されていない。出土された弥勒像の大半は新羅であり百済なのである。田村圓澄氏（『東アジアの中の日本古代史』）は、韓半島における弥勒像について調査し次のような報告をしているので紹介しておく。

朝鮮半島の半跏思惟像は三十三体を数えるが、製作年代は六、七世紀に集中している。伝存・発見場所の不明な十一体をのぞき、旧新羅地域で伝存・発見された半跏思惟像は十一体であるが、像高八十センチ以上の大型のうち、八世紀製作の一体をのぞくと、残る四体についてこの像を奉安する堂または寺を中心に、弥勒菩薩の同信集団が存在していたことが推察される。

新羅にはこのような小型・大型の弥勒像に加え、磨崖仏（まがいぶつ）も残されている。興味深いことに、これらの弥勒像が造られまた発掘された場所が、高句麗あるいは百済との軍事対決した要所にあったことである。この事実は一体何を意味するのであろうか。いくつか考えられることは、たとえば小型の弥勒像は個々人の身を守ってくれることを祈念するための念持仏（ねんじぶつ）ではないかといわれている。そして大型の弥勒像は、戦いで命を失った兵士たちの慰霊（いれい）供養のため。さらに磨崖仏は山岳修行者が守護を願い祈るため、あるいは戦勝祈願のため、あるいは神信仰と一体となったもの、などと様々な意味が考えられる。

また慰霊や祈りの対象となった大型の半跏思惟像は、新羅の都である慶州のみならず、旧新羅地域の全土に残されている。そしてこの事実が語ることは、弥勒信仰が、支配者階級などの一部の人に限るのではなく、新羅全体の民衆にまで広がっていたからではなかろうか。花郎の存在は、その事実を象徴しているものと受け止める事ができる。

また田村氏は百済の弥勒信仰については、残された弥勒像を整理分析して、百済には新羅ほどの展開は無かったと次のように論じている。

> 旧百済地域において伝存・発見された半跏思惟像は十体に及ぶが、一体をのぞき九体はすべて像高八十センチ以下の小型である。他の大型の一体も三尊仏（さんぞんぶつ）の脇侍（わきじ）として造顕（ぞうけん）されており、独立した半跏思惟像ではない。つまり百済では、弥勒信仰は一個人にとどまり、社会集団をつくるまでには至らなかった。

ここまで田村氏の見解を中心に弥勒像について紹介したが、最近は韓国における調査研究も進み新たな論述もなされている。今ここでは弥勒像の出土や研究の詳細については触れないが、韓半島における弥勒信仰を見る上で欠かせないので、次頁に弥勒菩薩の一覧表を呈示しておきたい。

韓国の半跏思惟像

材質		名称	年代	高さ	出土地·元所在地	所蔵者	備考
金属	1	金銅半跏思惟像	高句麗	17.5cm	伝平壌市平川里	韓国/リウム美術館	国宝118号
	2	鋳造菩薩半跏像板	百済	6.8×6.8cm	全羅北道金堤郡聖徳面大木里	韓国/国立全州博物館	
	3	金銅半跏思惟像	百済	15.8cm		日本/対馬浄林寺	上半身無
	4	金銅半跏思惟像	百済	30cm		日本/長野県観松院	
	5	金銅半跏思惟像	百済	約15cm		フランス/ギメ博物館	
	6	金銅半跏思惟像	百済	16.3cm	伝忠清南道公州	日本/東京国立博物館小倉コレクション	
	7	金銅半跏思惟像	未定 6世紀後半	83.2cm	伝慶尚北道安東	韓国/国立中央博物館	国宝78号
	8	金銅半跏思惟像	新羅/百済 7世紀	93.5cm	伝慶州南山付近	韓国/国立中央博物館	国宝83号
	9	金銅半跏思惟像	百済			個人蔵	
	10	金銅半跏思惟像	百済			個人蔵	
	11	金銅半跏思惟像	百済			個人蔵	
	12	金銅半跏思惟像	未定 6世紀後半	20.9cm		韓国/国立中央博物館	
	13	銅造半跏思惟像	未定 7世紀	26cm	慶尚南道梁山市勿禁邑魚谷里	韓国/国立中央博物館	
	14	金銅半跏思惟像	未定 7世紀初葉	17.1cm		韓国/国立中央博物館	
	15	金銅半跏思惟像	未定 7世紀	15.3cm		韓国/国立中央博物館	
	16	金銅半跏思惟像	未定 7世紀	28.2cm		韓国/国立中央博物館	
	17	金銅半跏思惟像	未定 7世紀	8.4cm	伝江原道寧越郡	韓国/国立中央博物館	
	18	金銅半跏思惟像	新羅	23.5cm	慶尚北道金泉市開寧面陽川	韓国/国立中央博物館	
	19	金銅半跏思惟像	新羅	15.3cm	慶尚北道安東市玉洞	韓国/国立中央博物館	
	20	金銅半跏思惟像	新羅		慶尚北道栄州	韓国/国立中央博物館	
	21	銅造半跏思惟像	新羅	14.3cm	慶尚北道慶州市城乾洞	韓国/国立慶州博物館	
	22	金銅半跏思惟像	新羅	9.2cm		韓国/国立慶州博物館	
	23	金銅半跏思惟像仏頭	新羅	頭部高さ8.3cm	慶尚北道慶州市皇龍寺址付近	韓国/国立慶州博物館	
	24	銅造半跏思惟像	新羅			個人蔵	
	25	銅造半跏思惟像	新羅		慶尚南道梁山市勿禁面	個人蔵	
	26	銅造半跏思惟像	未定			個人蔵	
石造	27	蝋石製半跏思惟像	百済	現在高さ13.5cm	忠清南道扶餘郡扶蘇山	韓国/国立扶餘博物館	上半身無
	28	石造菩薩半跏思惟形像	百済			韓国/国立扶餘博物館	
	29	石造半跏思惟像	新羅 7世紀初	現代高さ125cm	慶尚北道慶州市松花山	韓国/国立慶州博物館	頭部無
	30	石造半跏思惟像	新羅	現代高さ9.9cm	伝忠清北道清州	韓国/檀国大学校博物館	上半身無
	31	奉化北枝里石造半跏思惟像	新羅 7世紀半葉	現代高さ150cm	慶尚北道奉化郡北枝里	韓国/慶北大学校博物館	上半身無
	32	碑巌寺碑像半跏思惟像	統一新羅	40.4cm	忠清南道燕岐郡碑巌寺	韓国/国立清州博物館	
	33	蓮花寺戊寅銘碑像半跏思惟像	統一新羅	碑像高さ52.4cm	忠清南道燕岐郡西面蓮花寺	韓国/蓮花寺	
	34	石造半跏思惟像	統一新羅		慶尚北道聞慶市観音寺址		
摩崖	35	瑞山磨崖(三尊仏)半跏思惟像	百済	166cm	忠清南道瑞山市雲山面		国宝84号
	36	断石山神仙寺磨崖半跏思惟像	新羅	110cm	慶尚北道月城郡西面断石山		国宝199号
	37	磨崖半跏思惟像	新羅	123cm	忠清北道忠州市可金面鳳凰里		
	38	神仙庵磨崖菩薩半跏像	統一新羅 8世紀	140cm	慶尚北道慶州市南山		
木造	39	木造半跏思惟像	新羅	123cm		日本/京都広隆寺	

※ピッカルインヌンチェクトゥル124『半跏思惟像』(黄寿永 著/2003年発行)および特別展「ほほえみの御仏──二つの半跏思惟像──」図録(2016年発行)を参照し作成。

●日本の弥勒像

日本における宝冠弥勒半跏思惟像は、広隆寺と中宮寺のものが有名である。この弥勒像は右手の薬指を頬にあてて静かに物思いにふける姿をとり、浮かべている微笑みは「アルカイック・スマイル」としてつとに知られている。二〇一六年六月に日韓国交正常化五十周年記念として東京国立博物館などで開催された、弥勒半跏思惟像をテーマとした特別展のタイトルも「ほほえみの御仏――二つの半跏思惟像――」とあり、この像が微笑していると解釈されている。しかし微笑を浮かべているという解釈は、当を得ているとは思えない。その理由については後述することにして、まずは弥勒像について触れておきたい。

さて広隆寺の弥勒像の素材が赤松であることから、韓半島からの渡来説が有力視されていた。しかし一九六八年の調査で、弥勒尊像の大きくえぐられた内繰りの背板が楠材であること、そして背部の衣文も楠材に彫刻されていることが報告された。この像の右の腰から下げられた綬帯は、以前から楠材であることは報告されていたが、これは後に付加したものであると判断され、特別な考慮はされていなかった。しかし楠材が使用されていることは、この部分が後で造られたものでなければ、楠が韓半島では自生してないことから、日本の材料で造像された可能性も出てくる。しかしその議論は別にして、同じ形態の弥勒像が韓国にもあり、この弥勒像がたとえ日本で造られたものであったとしても、韓国にも同様な弥勒半跏思惟像があることから考えれば、少なくとも韓半島の何らかの影響を受けていることには間違いないのである。

弥勒菩薩半跏思惟像は、百済の聖明王から献じられたように、基本的には韓半島から渡来したものには間違いはない。換言すれば、六世紀から七世紀に流行した韓半島の弥勒信仰が日本に流入したものである。

『日本書紀』では「釈迦仏の金銅像一軀」とあり、また『元興寺縁起』には「太子像」の記述があるように、この半跏思惟像は釈尊であり、それも悉達太子すなわち出家する以前のゴータマ・シッダールタの姿とみなされていた。つまりこれらの資料には、どこにも弥勒菩薩とは記されていないのであるし、図像学的にみても菩薩像とはいえるが、図像からはそれ以上のことは分からない。この半跏思惟像については、少なくとも密教像の弥勒像の特徴は備えていないのである。また中宮寺の寺伝によれば半跏思惟像を如意輪観音菩薩としているように、姿だけでは弥勒菩薩とは決定できないのである。

但し、釈尊と弥勒との共通性があることだけは見逃してはならない。すなわち弥勒菩薩は将来

金銅弥勒菩薩半跏思惟像（大阪・野中寺蔵）

弥勒如来としてこの世に出現し、釈尊に代わり衆生（しゅじょう）救済を行う尊格と位置づけられている。すなわち弥勒は釈尊の姿、それも出家以前の皇太子である。その太子が苦の実態を直視し、苦からの解脱（げだつ）を求め悩んでいたころの姿に重ね合わせて考えられていたのである。半跏思惟像に見られるアルカイック・スマイルと言われる表情は、実は苦の原因を思考しているシッダールタの悩める表情なのである。端正（たんせい）な姿で微笑しているとみられるのは、太子が高貴な方であることが表現されているからである。

もとより弥勒半跏思惟像は菩薩像であることは相違ないが、その姿形だけ見れば悉達太子とも一般の菩薩像とも見ることができるのである。というのは半跏思惟像の起源はインドに求められ、古くから仏伝図のなかに見られるが、その像は出家以前の悉達太子の姿で表されている。半跏思惟像は、中国においては五世紀から六世紀に多くの石像が見られる。そして石像の銘文には太子の名が刻まれているのである。弥勒と太子が重ねわされていることは明白である。

ところで大阪の羽曳野市に野中寺がある。伝承によれば飛鳥寺院の一つであり、聖徳太子の命を受けた蘇我馬子が建立したとされる古刹である。この野中寺には金銅造弥勒菩薩半跏思惟像が保存されている。その弥勒像は、頭部には大ぶりの三面頭飾を付け、裳や台座などの各所にはタガネで文様を刻んだもので、入念に造られた尊像と評価されている。同じ弥勒像ではあるが、広隆寺の弥勒像のような繊細なイメージはなく、重量感のある造りとなっている。

野中寺所蔵の弥勒像の本像台座の框部分には、次のような文が刻まれている。


丙寅年四月大旧八日癸卯開記　栢寺智識之等詣中宮天皇大御身労坐之時　請願之奉弥勒御像也　友等人数一百十八　是依六道四生人等此教可相之也

すなわちこの像は丙寅年（六六六年）の四月に「中宮天皇」が病気になったとき、栢寺の僧侶たちが天皇の病気平癒を祈願した。そのときの本尊として奉じた尊像が、この弥勒菩薩像である、と記されている。大事なことはここに尊像の台座に「弥勒御像」と明記されていることである。

そのことで当時の人々の認識が、半跏思惟像を弥勒像としていたことが分かる。

この弥勒菩薩に対する信仰は日本に定着し、こののち登場する聖徳太子信仰にも影響した。すなわち聖徳太子もまた弥勒信仰と結びつき、「悉達太子＝弥勒菩薩＝聖徳太子」、とするイメージに重ね合わせられるのである。

●飛鳥の寺

物部氏を滅ぼし権力闘争に勝利した蘇我馬子は、仏教興隆の具体的施策にとりかかり、その手始めとした仕事が法興寺（飛鳥寺）の建立である。仏教を広める基盤として、無くてはならないものが人と場、つまり「僧侶と寺院」である。まず寺の建立をはじめたのは、その基盤となる場の必要性のためである。

法興寺の建築にあたったのは、百済から派遣された寺院建築の指導者・技術者・工人などである。具体的には、造営工事は東漢を頭とし、忍海・朝妻・鞍作・山西らの豪族が協力したといわれている。この顔ぶれをみても分かるように、法興寺の造営工事は渡来人、すなわち百済人によってなされたものであり、日本人は全く関与していないのである。

日本人が関与していない理由は、技術的な問題もあると考えられる。しかしこのときは仏教が公伝して間もないころであり、当時の日本人には仏教知識がなく、仏教理解がまだ未熟であったことのほうが問題である。つまり寺の造営の技術以前の問題として、寺そのものに対する基本的知識を全く持ち合わせていなかったことが、百済人による法興寺建立が如実に物語っている。たとえば寺とは何を目的としたものなのか、どのような設備が必要なのか、どのような機能を持たせたらよいのであろうか、といった数々の問題がある。あらゆるものが初めてというなかで、寺の建立を目の前にして、日本人は何から手をつけたらよいのか、想像することもできなかったのではなかろうか。

現在の飛鳥大仏（奈良・飛鳥寺蔵）

　諸説あるが、法興寺の造営工事は五八八年に開始され、五九六年に完成し、飛鳥大仏と称される丈六（じょうろく）の本尊仏の完成は六〇九年と伝えられている。そして法興寺の伽藍（がらん）全体はこのころには完成したものと考えられている。試行錯誤を重ねながら、およそ二十年の歳月がかかったのである。

法興寺の創建を機に、日本の仏教は急速に広がっていく。すなわち渡来人の力で法興寺が創建されてから数えて、わずか半世紀という短い時間のうちに急激に展開したのである。この法興寺というモデルができたことにより、大和の地域を基盤にする有力氏族たちの手によって、次々と寺院が建立されていった。もちろん最初は大和を中心とした地域に限られていたが、その勢いはここにとどまることを許さず摂津・河内をはじめ瀬戸内海にまで広がっていったのである。

『日本書紀』によれば、推古三二年（六二四年）に寺と僧と僧尼の数を調査したとき、寺の数は四十六箇寺、僧は八一六人、僧尼は五六九人に達していたと記録されている。また近年の発掘調査などの研究によれば、寺院数はさらに増え五十五箇寺にも及んでいたと報告されている。法興寺が建立された意義は、一つのモデルができたことである。次からはこの法興寺を参考にすればよいのである。

法興寺建立を契機とし、有力氏族の手によって次々と寺が建立されたのであるが、具体的には次の寺々である。すなわち巨勢氏の巨勢寺、大軽氏の軽寺、葛城氏の葛木寺、紀氏の紀寺、秦氏の蜂岡寺（広隆寺）、蘇我倉山田石川麻呂の山田寺、藤原氏の厩坂寺（興福寺）などがある。もちろん舒明天皇の百済寺、聖徳太子の四天王寺や法隆寺など皇室関係者の寺院もあるが、これも国家的というより実質は氏族的といえるかもしれない。

寺の建立はそれまでの神信仰の形態を大きく逸脱したもので、当時の人々は驚きの眼をもって見たことであろう。なぜなら堂塔伽藍神を構え金色に荘厳（しょうごん）された仏像の姿は、目の前に神が姿を現したと思ったに相違ない。具体的な身体を持たない当時の神信仰の形態とは、世界を全く異にした姿だからである。

神像が登場するのは、もう少し時間が必要である。このときは、まだ神は目に見えない存在であり、神に祈る対象としては依り代（よりしろ）となっている神籬（ひもろぎ）を介して拝むことになる。当然のことであるが、神を祀る社殿はまだ必要がないのである。しかし神籬はあくまで依代であり、神が降臨しなければそれだけの存在である。これに対して仏像は仏そのものが現出した姿であり、いつでも人々の祈りに応えることができる存在である。堂塔伽藍の出現によって、実際に仏に見えることができたことで、人々の心は大きく仏教に引き寄せられていくのである。

●日本最初の僧は女性

寺という場ができれば、次は経を読み法を説く僧がいなくてはならない。仏教の宣揚に欠かせないものは、何と言っても仏の教えを伝え信仰を勧める人であり、そのためには僧侶の育成が欠かせない。だからといって僧には自分勝手に誰でもがなれるものではなく、少なくとも出家希望者に戒を授け教えを授ける師僧がいなくてはならない。ところが百済から仏教が公伝したといっても、その時は僧侶を伴っていたわけではない。仏像と経典が伝来しただけであり、仏教を人々に伝える体勢は、当時の日本には全く整っていなかったのである。当然のことであるが、仏教伝来時において崇仏・反仏などの議論で戦争になることは、起こりようがなかったのである。

僧侶を育成し仏教を広めるために白羽の矢が立てられた人物は、もとより日本人ではなく恵慈や慧聡や恵便などの渡来僧、あるいは唐に渡った経験を持つ僧旻・恵隠、そして渡来氏族の出身僧である観勒・恵灌たちである。

『日本書紀』によれば、日本で最初に出家した人物は三人で、それもすべて尼僧であったと記している。蘇我馬子は高句麗から渡来した還俗僧であった恵便を師とし、そのもとで三人の少女を出家させたのである。一人は技術系渡来人である司馬達等の娘の嶋で、善信尼と名づけられた。十一歳であったという。二人目は漢人夜菩の娘の豊女で禅蔵尼、三人目は錦織壺の娘の石女で恵善尼である。しかしこの三人は確かに出家はしたものの、日本では正規の戒を受けることはできないため、海の向こうの百済に渡って授戒を受けることとなる。

ここで注意すべきは、前にも触れたが、この三僧尼はすべて未婚の少女であったことである。

もちろん彼女たちに「修行を積み仏教教理を身につけている」そのことを期待することができないことは、年齢からしても当時の状況を考えても容易に理解できる。私たちは仏教が伝来したとか僧侶が誕生したときくと、無意識に奈良仏教のように教理教学を伴った仏教を連想してしまいがちである。ところが仏教公伝時の現実はそうではない。つまり最初に三人の尼僧が誕生し、続いて十二人が出家し僧侶となったのだが、そのなかで男性僧侶はただ一人のみで残りはすべて女性であった。

この事実が語るものはなにか。言うまでもないことだが、当時の日本の仏教の僧侶の実態は、「仏道修行を重ね仏教教理を身につけた僧ではなかった」ことで、今日とは全く状況が違うのである。すなわち教義を説き人を仏道に導くことより、神の意を伝えるシャーマンや巫女と同様な役割を期待したものであった。そうなればこのとき出家した僧尼は、巫女と同じ事が求められたことになり、当時考えられていた仏教は、神信仰の変容したものと受け止められていたことになる。くどいようだが少なくとも、反仏・崇仏の教義の論争など起きようがなかったのである。

日本において僧の数がはじめて僧尼を超えたのは、六二四年である。時代的にはこれ以降、シャーマン的な現世利益を祈る呪術的な仏教から、新たな展開がはじまったのである。つまり呪術的な仏教が、教学を柱とした本格的な仏教受容の方向に向かっていったのである。しかし、しばらくは渡来氏族出身僧が指導者である現実は続けざるを得ず、日本人が韓半島の仏教のレベルに追いつくには、七世紀後半の律令体勢ができるまで待つことになる。

仏教伝来時の日本人の仏教理解の未熟さは、そのまま当時の日本人の文化程度や知識階級の実態を示していることを物語っているのである。このような日本の実態の中で、日本が国家体制を確立し次のステップに移るためには、しっかりとした理念を有した新たな日本の指導者の出現がなくてはならない。なぜなら「理念の無い国家は、あくまで共同体の域をでず統一国家になりえない」からである。

その理念を仏教に定め、日本国家の導き手となったのが、厩戸王子（うまやどのおうじ）すなわち聖徳太子（しょうとくたいし）である。聖徳太子は仏教を重視し、国政にそれを生かそうとした。仏教の理念を掲げ冠位十二階（かんいじゅうにかい）や憲法十七条（けんぽうじゅうしちじょう）を制定した聖徳太子は、当時の人々の中でも飛び抜けた人物として評価すべきである。その聖徳太子は、日本仏教の実態を見据え教理学的な理解を踏まえ、仏教の質的興隆のためにも大きな貢献をなしたのである。

●聖徳太子の仏教

日本に仏教が公伝されたのちの内外の動向を振り返って見ると、韓半島では新羅が伽耶（任那）を滅ぼし、国内では蘇我馬子が物部守屋を倒して実権を握っていた時代である。だからといって国内は決して安定していたわけではなかった。蘇我馬子は、二年後には自らが押し立てた崇峻天皇をも暗殺してしまい、推古天皇政権を擁立する。蘇我の政権はまだまだ揺れ動いていたのである。しかもこういった不安定な国内の事情に加え、白村江の戦い（五九六年）などの影響もあり、韓半島との国際外交も決して順調ではなかった。それ故、国内外の問題も山積し、政権は決して安泰ではなかったのである。そんな波乱含みの中で、摂政として国政を担ったのが聖徳太子（五七四～六二二年）であった。

聖徳太子（宮内庁蔵）

ここで聖徳太子を取りあげた理由は、太子が摂政という立場にあり、加えてその政治理念に仏教を据えたことにより、仏教が日本に根をはやす基盤を築いた最初の人だからである。これまでの話で分かるように、蘇我と物部時代に到来した仏教は、教理教学が確立したものではなく、極めて呪術的な現世利益を主とするものであった。しかし太子はこのような呪術性の濃い仏教に満足するのではなく、その教えが国の理念となるべき価値を持っていることに気がついたのである。そのため聖徳太子は、現世利益の仏教から教理を重視する仏教への質的展開への努力を行った。そのためには人々に仏教信仰を促(うなが)す行動をとらねばならない。聖徳太子は強い意識を持って行動し、五九四年には仏教興隆のための詔(みことのり)を出し、さらには四天王寺や法隆寺を建立するなど積極的に仏教の拡充のため具体的な施策を実行していったのである。

　太子が仏教の教えに対して深い理解を示したことは、よく知られたことである。その中で「三経義疏(さんぎょうぎしょ)」を著したことは、太子の仏教理解を見るうえで重要である。とにかく太子は、物心(ぶっしん)両面から仏教奨励策を進めていったのである。その結果、都のあった飛鳥地方を中心に新たなる仏教文化がさかえていくことになる。

　太子があらわした三経義疏とは、『法華義疏(ほっけぎしょ)』四巻・『維摩経義疏(ゆいまきょうぎしょ)』三巻・『勝鬘経義疏(しょうまんぎょうぎしょ)』一巻の総称を言う。因みに三経義疏とは『法華経(ほけきょう)』・『維摩経』・『勝鬘経』の三経の内容を解説した注釈書のことである。

　しかしこれら三経義疏は、太子の全くのオリジナルではなく、中国人が著した書物に大いに影響を受けたものであった。たとえば『法華義疏』は梁の法雲（四七六〜五二九年）の『法華義記』をベースにしたものであり、『勝鬘経義疏』は敦煌出土のものと七割方同文といわれている。また『維摩経義疏』も梁の吉蔵（五四九年〜六二三年）の『維摩経義疏』や敦煌出土の『維摩経義記』と類似していることが指摘されている。

　引用が多いことを理由に、三経義疏を太子の著作とするのを疑問視する見解もある。確かに現在の学問の方法論から見れば、そうも言える。しかし今用いられている仏教学の方法論は近代に生まれたもので、それ以前の著作はいくつもの引用の積み重ねである。つまり経典や論書さらには権威ある著書から引用し、それを自分の思想で組み立てる方法なのである。人によってはほとんどが引用文で占められる場合もあるが、それでも全体から見れば著者の思想によって構築されたものなのである。

　聖徳太子は六〇六年に『勝鬘経』と『法華経』を講じた記録があり、内容は十分把握していたと見ることができる。その上で三経義疏の制作も行ったのである。いずれにしても太子は、教義にもとづいた仏教の宣揚を試みたといえよう。経典の内容は難解であり、当時の日本の文化レベルを考えれば、知識人と雖もどれだけ経典を理解していたかは疑問である。そんな中で、聖徳太子が仏教を国家の理念に相応しいと見抜いた叡智は、特別な人間として再認識せざるを得ない。

●憲法十七条とは

前述の通り、太子は国内外の危機を打開するため、仏教精神を柱にした政権の運営に臨んだ。具体的には、憲法十七条と冠位十二階を制定することで、日本を天皇中心の中央集権国家に仕立てようと考えたのである。しっかりとした国家体制を構築し、安定した社会を作り出すためには、その理念を示す憲法の制定は欠かせない仕事であった。

聖徳太子が掲げた憲法十七条は、国の大黒柱であり他に示す旗標（はたじるし）なのである。つまり憲法十七条の中身は、国に仕える豪族が官人として備えるべき倫理道徳を基本に据え、それを土台とし秩序に則（のっと）った政治体勢を整えようとしたものである。繰り返すが、万民に新たな憲法の意義を納得せしめ有効ならしめるためには、その基盤に確かな理念が必要である。理念が欠けているならば、それは憲法では無く単なる言葉の羅列であり、それでは国家の柱にはなりえない。確かな憲法を作り上げるそのための基本理念を、聖徳太子は仏教に求めたのである。

憲法十七条の内容分析にかんしては、様々な分野の研究者がすぐれた研究成果を発表している。たとえば十七条憲法には儒教・仏教・法家の思想など、多くの思想哲学が反映されていることとなどの指摘や整理である。それ故、その内容の一々についての検討は、ここではそれほどの意義はない。それより私が問題としたいことは、聖徳太子が仏教をどう取り入れたかにある。具体的には聖徳太子がどのような思考のもとに、この憲法と仏教とを連携させたかについてである。

●憲法十七条に対する私見

「憲法十七条の理念は仏教にある」、と私は言った。しかし私の思いとは反対に「憲法十七条の理念は、必ずしも仏教によるものではない」、とする見解もある。そうなる主張も理解できないこともない。なぜなら憲法十七条には、仏教のみならず様々な思想哲学が盛り込まれ、その数も多いからである。たとえば、儒教関係は四条・五条・六条・八条・九条・十二条・十三条・十六条・十七条に亘って用いられている。また法家関係も、十一条・十四条・十五条、というように反映されている。それに対し仏教にかかわる記述は、第二と第十条のわずか二カ所のみである。少なくとも数の上では仏教は少なく、そのため憲法の理念が仏教であると簡単には断定できないとする考えもある。確かにこれも一つの見解であるが、これらは個別の主張であり、十七条全体の規範原理となる理念とは言いがたい。理念たるものは、すべての内容に反映するものでなければならない。引用された言葉の数だけの問題ではないのである。大事なことは、憲法十七条が何を規範原理としているかなのである。

それでは聖徳太子の基本理念は、十七条のどこに掲げられているのだろうか。最も大事な理念は、言うまでもなく第一条に掲げられるものである。従って、第一条の条文をどう理解解釈するかが、最も大切なことであることは誰もが持っている共通意識である。

それ故、この第一条を巡っては種々な見解がだされているが、それら諸説を整理すれば大枠で次の三つの見解が提示されている。

① 儒教の影響が強く反映されている、とする見解。
② 仏教精神が基盤となっている、とする見解。
③ 儒教でも仏教でもなく日本独自の宗教観による考え方、とする見解。

第一説の儒教の影響とする考えは、仁・義・礼・智・信の「仁を和に置きかえた」と見るものである。それならば「仁をもって貴しとなす」でもよく、あえて和に置き換える必要も無い、という問題が生じる。またこれとは別に『論語』の学而篇第一にある「礼を之れ用ふるには、和を貴しと為す」という一文をもとにしたもの、という理解もある。しかしこの場合の問題点は、礼が主語であり和は従属となり、聖徳太子の和の心とは意味が異なることになる。

第二説は「和の思想は、仏教の本来の教えに則ったもの」であり、あえて儒教など他の説を出す必要が無い、とする立場である。

第三説は「和の思想は日本古来からあった考えである」とし、他の思想を介在させることはない、とする見解である。

第二説については後述することとして、まず第三説について考えてみたい。第三説を主張するのは井澤元彦氏であり、『逆説の日本史』の中で次のように論じている。

〈第一条が述べているのは簡単に言えば「話し合い至上主義」である。菩薩でも仏陀でもない、ただの人が「話し合い」さえすれば、「おのずから道理にかなう」、と言っているのだ。……それに本当に「仏教精神」が大事なら「篤く三宝を敬え」を第一条に置くはずではないか。〉

話は少しずれるが、私は井澤氏の言う〈「今の歴史学の三大病弊の一つ「呪術的側面の無視ないし軽視」あるいは「宗教的知識の軽視ないし欠如」〉という指摘については、双手をあげて賛成する。なぜなら宗教を無視して日本の歴史や文化は語れないからであり、むしろ宗教から何を読みとるかが重要だと思うからである。それなのに現在の歴史学の主流からは宗教的視点が軽視されているのが現状である。

私の歴史を見る基本姿勢は井澤氏と変わるものではないが、しかし第一条の解釈にかんしては些か異なっている。それは「仏教精神が大事なら、篤く三宝を敬えを第一条に置くはずだ」、とする井澤氏の論述に対してである。和の精神は仏教の教えであるとするのが私の見解であるので、その理由は述べておかねばならない。

仏教経典の組み立てをみると、まず第一章で理念を説き、第二章以下で具体的な話に移る形式が共通の方法である。これは経典のみならず、一般の著作においても最も基本的な構想ではないだろうか。そのように見ると、聖徳太子が第二条に「敬篤三宝」を持ってきたのは、和という理念を掲げたあとで、次に具体的に何をすべきかを言うためのものである。理念から実践に移る、その実践が仏・法・僧を敬うことなのである。逆に言えば三宝を実践するためには、和の精神がなくてはならないのである。

ところで十七条の憲法の作成は、聖徳太子が主導して多くの知識人が関与して成し終えたものである、と私は理解している。太子をはじめ多くの人の知恵を絞った結果が、十七条の憲法なのである。たとえば憲法の作成に関与した人々の代表的な人物、それが恵慈（えじ）である。恵慈の生年は不詳であるが、推古天皇三年（五九五年）に高句麗から渡来した僧である。そしてこの年に百済から慧聡（えそう）も日本に来ている。彼らは「三宝の棟梁」と称されたように、聖徳太子の仏教の師となり仏教界の指導者と仰がれていた。恵慈は慧聡とともに法興寺に住し、日本に仏教が定着する基礎を築いた人物といえよう。十七条憲法は聖徳太子が一人で制作したというより、太子を筆頭に恵慈や慧聡などのすぐれた人々で構成されたプロジェクトチームの総力の結果であると考えたほうがよい。渡来人の協力なしに、この憲法の成立はありえないのである。

ちなみに憲法十七条の第一条と第二条をあげておこう。

一にいはく、和をもつて貴しとなし、忤（さか）うることなきを宗となす。人みな党あり、また達（さと）れるひと少なし。ここをもつてあるいは君・父に順（したが）はず、また隣里に違へり。しかれども上和し下睦（むつ）びて、事を論ずるに諧（かな）うときは、すなはち事理おのづからに通う、なにの事か成らざらん。

二にいはく、篤く三宝を敬え。三宝とは仏・法・僧なり。すなはち四つの生れの終りの帰にして、万国の極めの宗なり。いつの世、いづれの人か、この法を貴ばざらん。人はなはだ悪しきもの鮮し、よく教ふるときはこれに従う。それ三宝に帰りまつらずは、なにをもつてか枉れるを直さん。

和とは、仏教では調和を意味する言葉である。我々の存在は諸縁が複雑に関係しあい、和合結集して私たちの生存を成り立たせているとする、というのが縁起の思想である。縁起の思想は、和合因縁とも言い変えることができる。聖徳太子の「和の心」とは、因と縁が調和した悟りの境界である。その意味で私は、「和」の心こそまさに仏教の教えそのものと理解している。「話しあい」は大事なことではあるが、それだけでは理念として不十分である、と私は思う。

●遣隋使

聖徳太子の仏教理解が高度であったことは、当時の日本人の知的水準も同様であった、ということを意味してはいない。聖徳太子が特別な能力を持っていたのであって、他の日本人は到底その域には達していなかった、と考えてよい。仏教の教えが日本人のものとして定着し、はじめて文化の質が高まるのである。そのためには海外から渡来する様々な文化の意義を、何よりも感じていたのが聖徳太子である。

このような意識から、聖徳太子は遣隋使の派遣を決意したのである。韓半島に止まらず、視野を中国に広める施策を実行に移していった。遣隋使の派遣である。最初の遣隋使は六〇〇年に行なわれた。この第一次遣隋使を皮切りに、隋には総計六回に亘る派遣がなされたのである。その間、隋に渡った学問僧は十一名とされる。

遣隋船のルートは筑紫(つくし)から直接中国本土に向かうと思いがちであるが、実際はそうではない。遣隋船は一旦百済に渡り、そこから百済船を利用し隋に向かったのである。なぜならば、広い東シナ海を航海し、中国本土に直航できるだけの力が日本にはなかったからである。つまり大海を渡りきる航海術、そして何よりも大型で嵐に耐えうる頑強な船を造る技術が、当時の日本になかったことを意味している。

一二〇人もの多くの人が乗り組める大型直航船ができたのは、第一回の遣隋使派遣から数えて五〇年も経過した後で、遣唐使船(けんとうしせん)となってからのことである。具体的には、六五三年に派遣した第二次遣唐使船を待つことになる。なお遣唐使船は菅原道真(すがわらのみちざね)によって廃止されるまで二六〇年もの長きに亘って続けられ、渡航が実施された回数は十六回である。しかし大型船の技術が向上したとはいえ、まだ絶対的な安全が保証されるまでには至っておらず、実際に途中で遭難した船は七回にも及んでいるのである。

さて小野妹子が使者となり随の煬帝に国書を奉じたのは、六〇八年に実施した第二次の遣隋のときでことである。このとき煬帝の機嫌をそこねたという太子の国書、その文書の話はつとに有名である。すなわち『隋書』倭国には「日出ずる処の天子、書を日没する処の天子に至す、恙なきや」、の文言である。煬帝はこれを覧て悦ばず、鴻臚卿（外務大臣）に「蛮夷の書、無礼なる者あり。復た以て聞する勿れ」といったのである。言うまでもないが、煬帝が無礼としたのは「天子」の言葉の使用に対してであり、「日出ずる処・日没する処」といった言葉にあるのではない。日が昇る方を高く見るのは、あくまでも日本的な価値観なのである。

なぜなら日の出はもののはじめを意味し、まだ未成熟な段階を意味する。それに対し日没は完成であり、光り輝く理想の場なのである。阿弥陀如来が居住されている西方極楽浄土、それはまさに日の沈む理想的な場所なのである。それ故、「日が没する」という言葉は、決して没落するという意味を指すものではない。これに対し「天子」の語は、中国の皇帝にのみ許される特別な称号であり、如何なる国王も天子と名のることはできないのである。辺境の地にあり蛮夷とみくだされている日本が、中国の皇帝と同じ天子であることは絶対に許されないのである。

いずれにせよ遣隋使の派遣以降、日本は韓半島のみならず中国にも視野を広げ、積極的に仏法をはじめ優れた文化を求め。精力的な動きを見せていったのである。

●聖徳太子以降の日本仏教

聖徳太子が憲法十七条の理念に仏教を据えたことは、国家が仏教精神を基盤にしたことを明確に示したものであり、必然的に政治に仏教が組み込まれることになった。その結果、大和を中心に次々と寺院が建立され、それに伴い僧侶の数も速度を速め増加していった。そして僧侶の増加は、僧侶養成という新たな問題を浮上させることになる。僧侶養成の組織が未成熟であった日本にとって、大きな課題となったのである。僧侶の急激な増加は、問題のある僧侶も生み出すことにもなる。そうなれば当然ながら僧侶の管理体制が必要となり、その結果国家による組織的な仏教の統制がなされるようになる。もちろんその役割を担うのは蘇我氏であり、これにより蘇我氏はこれまで以上の強大な権力を握ることになった。こういった経緯の中で仏教は安定した立場を獲得し、それとともに急速な勢いで日本に広がっていくのである。そして六三九年には、氏族的ではあるが日本最初の勅願寺である百済大寺の造営が開始された。百済大寺とは、舒明天皇が聖徳太子の意志をうけて建立したと伝えられる寺である。

このように蘇我氏の庇護のもとに仏教は順調に日本に定着していったが、六四五年に大きな事件が起きた。いうまでもなく大化の改新であり、これによって覇権を握っていた蘇我氏が滅亡した。しかしこのことは仏教が衰退することを意味することではない。大化の改新の結果は、仏教を掌握し統制する責任者が代わったということである。いわば仏教興隆を進めてきた中心者が氏族から天皇に移ったことを意味するのであって、仏教が国家の理念であること自体には変化はないのである。

大化の改新の断行によって、国家の体制は律令制へ向けたスタートラインにたったといえよう。しかしだからといってすぐさま律令制が本格的に動きだしたのではなく、軌道にのるのは六六〇年代に入ってからのことになる。とりわけ大きな力を発揮したのは、天智天皇（六六八年即位）である。天皇はこれまであった豪族のありかたを見直し再編成し、官僚制の組織整備を急いだのである。仏教にかんしても積極的な姿勢を見せ、仏教興隆のために改革を進めていった。

大化の改新を機に、日本の仏教にこれまでとは違った変化が見られるようになる。たとえばこの時期より少し前から、中国に学問僧として派遣されていた僧がそれぞれの成果を携え帰朝しはじめたのである。この時代は中国においては、隋から唐に政権が代わる大きな転換がなされた時期であった。

中国から帰国した学問僧をあげれば、六三二年に吉蔵に三論を学んだ霊雲と小野妹子とともに隋に渡った僧旻、そして六三九年に恵隠、六四〇年に清安などがいる。このとき僧たちの日本への帰国に協力したのは新羅であって、百済ではない。また玄奘三蔵に師事し唯識学を学び、日本の法相宗の開基といわれる道昭の帰国は、六六一年であった。いみじくも玄奘三蔵がインドから長安に帰ってきたときが、日本では大化の改新の年すなわち六四五年である。

道昭は飛鳥の法興寺の東南の一隅に禅院を建立し、ここに持ち帰った経論を安置し、住居とした。その道昭は禅院で学問研究をし、弟子たちとともに僧院生活を過ごしていただけではなかった。僧院を出て十年以上も全国を遊行しながら、橋を架け、井戸を掘り、渡し場を整備するなどの社会における仕事にも全力を費やしたのである。弟子の行基もまた同じような行動をとったのは、道昭の生き方に大きな影響を受けたものと思われる。また道昭は法興寺で摂論宗を起こしている。この学問は『摂大乗論』の説による唯識思想であり、いわゆる法相唯識とは系統を異にする。法相宗は玄奘の死後、一番弟子である基が開いたものであり、玄奘が道昭に法相唯識を伝えたとは考えにくい。このようなことから道昭を法相宗の開基とするのに、疑義も唱えられているのである。

密教の展開と神仏融合思想

●奈良期の仏教

仏教は奈良時代（七一〇～七九四年）に入るとますます興隆する。平城京を中心に栄えた仏教は南都六宗と呼ばれるが、その名称は真言宗・天台宗の平安二宗に対してつけられた呼称で、それ以前にはなかった。また「宗」の意味も、現在私たちがイメージする宗教法人のような特定された信仰集団を意味するものではなかった。宗とは僧侶が身につけるべき教学を学ぶグループを指し、いわば大学で学ぶ学生のような学派集団的な存在であった。宗といっても、私たちが思っている宗派的な存在では決してなかったのである。たとえば華厳学を学ぶ僧侶たちが集まったものが華厳宗であり、唯識思想を学ぶ僧が研鑽する集まりが法相宗と呼ばれる、という具合である。

最初期は「宗」を「衆」という漢字を当てていた。南都六宗は仏教を社会に向けて発信し、人々を救済する信仰運動を実践するのではなく、僧院に入った僧侶が法相学や華厳学などを身につける学校的な存在であった。つまり当時の宗は、学問を学ぶ僧侶の集まりというイメージである。この時代の日本の仏教は、中国などから入ってきた諸経論を理解吸収することが中心であった。つまりより多くの経典などの仏教資料を収集整理し、より優れた僧侶の養成を急務とした。すなわち奈良時代の仏教は、教理研究を学び修行することを主眼とした、いわば学僧衆の集まりなのである。宗団が民衆の救済活動に目を向けた宗教活動に転ずるには、平安仏教や鎌倉仏教をまたなくてはならないのである。

つまりこれら南都六宗の時代は、仏教を理解しその教学を学びとることが優先され、必然的に学問的要素が強くならざるを得なかったのである。それ故、この時代は教学的にも体系化された多くの経論が日本にもたらされ、それを自分たちのものとするため国をあげて仏教に取り組んでいたのである。

奈良時代に建立された東大寺の大仏

奈良仏教の実態は、律令体制下の仏教で国家の庇護を受けて、仏教の研究と僧侶養成を行うことが主体であった。しかしそれだけではなく、鎮護国家や除災招福を願う国家にとっての仏教実践も要請された。たとえば多くの僧を擁してなされた『大般若経』の読誦などがそれであるが、それは庶民に対する宗教活動ではない。このような官僧の実態に対し、庶民に眼を向けた実質的な宗教活動を行っていた僧たちは、雑密といわれる山岳修行者たちであった。

ここで奈良仏教を代表する南都六宗について、どのようなものであったかを基礎知識として簡略に紹介しておこう。

【宗】	【開基者】	【教義】	【寺院名】
*法相宗	道昭	法相唯識学	興福寺・薬師寺
*倶舎宗	道昭	アビダルマ教学	東大寺・興福寺
*三論宗	恵灌	中論・十二門論・百論	東大寺南院
*成実宗	道蔵	成実論学	元興寺・大安寺
*華厳宗	良弁・審祥	華厳教学	東大寺
*律宗	鑑真	四分律学	唐招提寺

●純密と雑密の違い

奈良仏教という言葉は、今述べた南都六宗のみが存在したかの如くに思い込んでしまう。しかし実際は南都六宗とは別な仏教運動も展開していたのである。いわゆる雑密といわれる山岳密教である。韓半島から伝わった仏教もそうであったように、中国からの帰国僧たちが伝えた仏教もまた、教理教学の学問仏教だけではなく、道教などと融合した山岳修行を重視するものであった。彼らの影響で日本でも山岳修行が積極的に行われ、南都六宗のような教理教学研究とは別な方向での宗教活動も行われていた。山に分け入り厳しい修行を実践し特別な宗教体験を得ようとしたのは、もちろん奈良の官僧ではない。中心となって山岳修行を行ったのは、雑密とよばれる私度僧たちであった。

つまり山岳修行者は、密教の実践者ということになる。そうなると空海が開いた真言密教とそれ以前の密教は、どこがどう違うのかが問題となる。そこで密教を二つに分類し、純密・雑密という区分けをしたのである。つまり空海の密教を純密とし、それ以前に実践されていた密教、すなわち歴史的に先行していた密教を雑密としたのである。

この用語を用いた分類が定着したのは、江戸時代初期の恵晃（一六五六～一七三七年）以降のこととされている。雑密の特徴の第一は、本尊が大日如来ではなく、薬師如来とか虚空蔵菩薩あるいは観音菩薩といった他の尊格であること。次の特徴は、祈りの対象である各諸尊の加護を願うために、一心に陀羅尼を唱えることを主体としていたことであること。また悟りをめざすための修行体系が無く、現世利益を目的としていること。そして密教教理を体系的に示した曼荼羅が、まだ不完全であったことなどがあげられる。

この区分けは理解しやすいため、密教の説明には今日でも必ず用いられている。しかし「雑」という言葉は、「雑然」とか「雑多」というニュアンスがあることから、雑密に配される修験などにとっては、価値的に低いというレッテルを貼られた印象は拭えない。そのために私は、雑密ではなく山岳密教、そして空海が構築した純密を空海密教と呼ぶこととする。なお空海密教については第三篇において改めて詳述する。

●山岳修行者の実践

さて山岳密教とは、空海によって体系化される以前の密教のことで、まだ密教教学の確立がなされていなかった段階の密教のことである。山岳密教の行者は山岳修行によって宗教体験を得ようとはしていたが、前述の如くそれをきちんと教理的な説明ができるまでには至っていなかった。しかし彼らの働きは、実際の社会に大きな影響力を与えていったのである。つまり山岳修行によって身につけた宗教的呪力をもとに、祈禱を行うなど呪法を駆使し人々に現世利益を与えることで多くの人々の支持を受けていた。

山岳密教の修行者は山林を跋渉し、仏と一体となる宗教体験を得るべく日夜厳しい修行に励んでいた。そして激しい修行によって体得した宗教的呪力を生かし、俗世間を超越した神通力を得て、現世利益を願う人々の欲求に応えようとしたのである。しかし呪法を自在に操るためには際だった呪術力が必要であり、これを身につけるためには僧院ではなく山岳における修行体験が不可欠であった。

空海が密教の修行体系を構築する以前は、南都の僧たちは有効な修行方法は見いだせずにいた。それ故、呪力が備わるという山岳修行は、彼らにとっても極めて新鮮で魅力的な修行方法に写ったのである。それ故、南都の官僧たちも山岳修行に興味を抱き、寺から出て山岳修行を実践したものもいた。官僧が全く関与しなかったわけではない。たとえば七五七年に施行された「僧尼令」を見ると、官僧の山岳修行が厳しく規制される記述があるが、それは官僧が山岳修行を行っていた実態があったからである。

このように山岳修行者の実態は官僧や民間僧が入りまじっていたのだが、その違いは官僧の場合は山岳修行を行っても、課せられた一定期間の修行が終われば、国が建立した官寺に帰る。なぜなら彼らにとっては官寺が本拠地であり、定住する場所が確立していたと共に、なすべき仏教研究の仕事があったからである。しかし民間の山岳修行者はそういった一定の場が確保されていないことと、なすべきことは山林修行のみであり、それ故絶えず遊行を続ける生活をせざるをえなかったのである。だからといって定住できる場はやはり必要であることから、彼らは修行の場である山林に拠点を定め、そこに山寺を建立することになる。

山岳修行者が拠点とした山寺には、次第に仏像が祀られるようになる。そして次には僧が宿泊できるだけの小さな場も設けられた。このような山寺が、すでに奈良以前の七世紀後半にはわずかではあるが出現しはじめる。文献上では、比蘇山寺（比蘇寺、吉野寺）・志賀山寺（崇福寺）・法器寺・壺阪寺などが確認されている。

そして八世紀すなわち奈良時代になると、山岳寺院はおびただしい数に増加する。たとえば長谷寺・子嶋山寺・室生山寺・清水山寺などがそれである。尚、室生寺は十禅師がおかれた宝亀年間に、賢璟が開いた興福寺法相学派の山林道場である。十禅師とは、戒を守り修行する傍ら病人を治療する役割も担っていた。十禅師とは智徳にすぐれ医学にも通じた僧を十人選んで宮中に仕えさせ、内供奉に任じたものをいう。役割は天皇の安穏を祈り、看病をすることである。十禅師ができたのは宝亀三年（七七二年）が最初と伝えられているが、「内供奉十禅師」という名称は『日本書紀』には弘仁三年（八一二年）に記されているのが最初である。だからといって彼らは常に天皇に近侍して役割にあたっていたわけではなく、十禅師の制度が明確に位置づけられるのはもう少し時間が必要である。

これら山岳寺院のうち、注目すべきは比蘇寺である。比蘇寺は官僧の修行拠点としての機能を持つ寺でもあった。その比蘇寺は、山岳修行を実践した代表格である神叡が長年住した寺である。神叡は義淵に師事して法相教学を学び、三論・華厳にも通じた僧として有名である。義淵（六四三～七二八年）とは、奈良時代に活躍した法相宗の僧で『扶桑略記』によれば大和国高市郡の出身で俗姓を阿刀氏と記されている。その神叡は、父母が観音菩薩に祈願して授かった子で、出家して元興寺に入り唯識・法相を修め、龍蓋寺（＝岡寺）など五つの寺を創建したとされている。

神叡は唐から渡来した僧とされるが、持統天皇七年（六九三年）には新羅に渡り研鑽を積み、帰国後の養老元年（七一七年）には律師に任じられた。また養老三年（七一九年）には、道慈とともに僧侶としての資質を評価され食封五十戸を賜り、さらに天平元年（七二九年）には少僧都に任じられた。

芳野の現光寺に庵を結んだ神叡は、ここで二十年間に亘って住し、元興寺の法相系の人たちと共に山岳修行を行い自然智を得たといわれる。この比蘇寺は、飛鳥地方にある高取山の南麓、吉野山に至る重要な場にある。当時はこのあたりも芳野といったことから、神叡は芳野僧都とも称されていた。

比蘇山寺には神叡をはじめ、尊応・勝悟・護命・道璿・徳一などが住し、ここを拠点とし山岳修行につとめたのである。山岳修行者に法相宗関係の僧侶が多いことは、彼らが弥勒信仰と関わっている可能性を強く感じさせる。

●自然智宗

官僧と民間の双方を交えた山岳修行者は次第に数を増していくなか、比蘇山で修行を重ねていた神叡は、自然智宗を開き独自の活動を切り開いていった。もちろん宗といっても、それは前述したように「衆」あるいは「集」といった性格のものであり、比蘇山に集まる修行者もまた自然智を得る目的で集まった者たちである。

自然智宗には神叡を筆頭に、前述した尊応・勝悟・護命・道璿・徳一などの僧たちも属していたといわれる。この中に官僧が混じっていることは、「僧院における学問研鑽のみでは悉地が得られない」、という意識を持ち宗教体験を得ようとする官僧も存在していたからにほかならない。すなわち学解のみでは得られない、宗教体験のみによって得られる呪力に魅力を感じている現実があったことを意味している。そしてこの呪力は自然智を獲得することで備わる、と信じていたのである。

彼らが得たいと願った自然智とはいかなる智慧であろうか。自然智の言葉は、仏教の諸経論を見ても見当たらない。なぜなら自然智とは、法相学とか華厳学などといった仏教教理学から生み出された概念ではなく、自らの体験によって得られる性格のものであることを意味するからである。それ故自然智とは、奈良の僧院での学問研究で得られる範囲を超えた領域、すなわち体験的に得られる智慧と考えられる。

自然智とは神叡らが体得したいと願った智慧で、恐らく「自然本来の智」といった程度の意味であったであろう。つまり「修行によって自然に生まれ具わる仏の智慧」であり、学問で得られる学智とは性格を異にした本来的な智慧のことであろう。言い換えれば自然と一体となることで身につく生智、というべきだろうか。神叡ら山岳修行者は、僧院ではなく山に融合することで自然智を獲得でき、その結果として宗教的パワーが備わることができると考えていた。

　では自然智は、実際にはどのような山岳修行によって、開発され、獲得できるのであろうか。彼らが自然智を得るための修行、その代表的なものが「虚空蔵求聞持法」であったといわれている。虚空蔵求聞持法ではないかと思うのは、一つには『今昔物語集』巻十一にある次の記述である。神叡は虚空蔵菩薩に「願はくは虚空蔵菩薩、我れに智慧を得させ給え」、と強く願っている。そしてこの虚空蔵菩薩を主尊とする代表的な修法が「虚空蔵求聞持法」なのである。つまり虚空蔵求聞持法の実践方法を記した経典が、善無畏三蔵が漢訳した『虚空蔵菩薩能満所願最勝心陀羅尼求聞持法』なのである。

●虚空蔵求聞持法とは

　もとより求聞持法は山岳密教者の修行であり、南都六宗とは一線を画すものである。この求聞持法の本尊は言うまでもなく虚空蔵菩薩であり、山岳密教に限らず密教全体でも重要な尊格となっている。たとえば胎蔵曼荼羅には「虚空蔵院」が配され、私たちに智徳・福徳をもたらしてくれる現世利益の働きを示している。現実に利益をもたらしてくれる菩薩なのである。それ故虚空蔵菩薩は今でも多くの場所で祀られ、虚空蔵参りや十三仏信仰として続いている。

この「虚空蔵求聞持法」の修行の内容は、虚空蔵菩薩を本尊に仰ぎ、ただひたすら虚空蔵菩薩の真言を唱える行法（ぎょうぼう）である。この行法は、「四度加行（しどけぎょう）」のような即身成仏（そくしんじょうぶつ）のための修行法のように理論背景を持って体系化される、それ以前の修行である。四度とは、「十八道（じゅうはちどう）・胎蔵法（たいぞうほう）・金剛法（こんごうほう）・護摩法（ごまほう）」のことで、真言行者の必須の行法である。

虚空蔵菩薩

求聞持法は、四度加行などの体系化した行法ができていない段階の修行である。求聞持法は虚空蔵求聞持法の法則に則り（のっとり）、ただひたすら虚空蔵菩薩に祈り悉地を得ようとする修行である。「求聞持法」によれば、虚空蔵菩薩の真言を一日一万回唱え、それを百日間続けて全部で百万回唱え続けるという修行とある。但し、大事なことは百万遍という回数であり、日にちは百日以内ならば融通（ゆうづう）が利く。たとえば一日一万遍であれば百日かかるが、一日にその倍の二万回唱えれば計算上は五十日でよいことになる。しかし五十日は最低限の日程であり、これ以下の日数では成就できないとされる。いずれにせよ行者にとっては凄まじい苦行となる。しかし陀羅尼読誦の回数は絶対であり、一遍でも足らないことがあってはならない。それ故、不足の過ちを犯さないため、実際には百万遍以上唱えるのが通例となっている。

いかなる生命も、虚空から降り注ぐ光や雨などの恩恵によって生存している。虚空蔵菩薩は虚空の働きを菩薩として尊格化したものであり、その働きを修行者が自在に受け止められるに至れば、その身体に呪力が備わるのである。山岳修行者は、虚空蔵菩薩にひたすら祈ることで、虚空のように無尽蔵な菩薩の智徳・福徳が自分たちに与えられることを期待したのである。換言すれば、求聞持法修行によって与えられた宗教体験によって、「自分たちに、あらゆる人々の願いを成就させる宗教的呪力が備わる」、と信じ実践したのである。こうした山岳修行者は修行のかたわら、全国を遊行しつつ祈祷や占いなどを行い、人々の現実の要望に応えていった。そのためには何としても呪力を得る必要があったのである。

その虚空蔵求聞持法の修行時に念誦する真言とは次の呪である。参考のため紹介しておく。

ノウボウ　アカシャ　ギャラバヤ　オン　アリ　キャマリ　ボリ　ソワカ

また、善無畏訳『虚空蔵菩薩能満所願最勝心陀羅尼求聞持法』には、求聞持法の効能について次のように記されている。

お経を一度見聞することがあれば、お経の意味を理解することができ、永く忘れることが無い。

●虚空蔵求聞持法と空海

虚空蔵求聞持法は雑密の修行者の代表的な修行とされ、私度僧になったばかりの空海もまたこの求聞持法を修していた。空海が山岳に分け入り雑密修行者として励んだ理由は、山岳修行には、学解(がくげ)では得られない宗教体験が得られる可能性を感じ、そこに大きな魅力を持っていたに相違ない。

空海が室戸(むろと)岬(みさき)の洞窟に籠(こ)もり虚空蔵求聞持法を修した、という伝説はよく知られている。また空海を尊敬して止まない真言宗中興(ちゅうこう)の祖である興教大師(こうぎょうだいし)覚鑁(かくばん)は、この虚空蔵求聞持法を九度も修したという。このように求聞持法は山岳密教に限らず真言密教においても重視され、覚鑁のみならず空海以降も少なからず真言行者の実践するところであり、その伝統は今日まで継承されている。山岳密教の実践修行でありながらも、求聞持法は空海密教においても一定の評価はなされていたのである。

空海に求聞持法を伝授した人物は、三論宗の学匠である勤操、あるいは大安寺の慶俊の弟子である讃岐出身の戒明ともいわれるが、どちらであるかは定かではない。しかしそれが誰であるかを論ずることより、空海が多くの山岳修行者と深く関わっていたこと、そしてまだ密教教理に裏付けされていない山岳密教とはいえ、密教の修行をしたという事実を認識しておくほうが重要である。

空海の出家宣言書といわれる『三教指帰』に、自ら修した求聞持法について次のように記している。

＊阿国大滝嶽に躋り攀ぢ、土州室戸崎に勤念す。谷響を惜しまず、明星来影す。

＊法によってこの真言を百万遍誦すれば、一切の教法の文義を暗記することを得。

＊若し能く常にこの陀羅尼を誦する者は、無始より来たる五無間等の一切罪障は悉く消滅

す。

空海は求聞持法を修したことで「谷響を惜しまず、明星来影す」、との心境を述べている。仏と一体となった宗教体験を、感動的に告白しているのである。そしてさらに求聞持法を修し成就すれば、「一切の教法の文義を暗記する」との効力が備わる期待を述べている。

弘法大師空海

この文によれば求聞持法の成就の暁には、智慧が備わり記憶力が増進し、現世の利益が得られると記している。この記述から、求聞持法の修行の目的が記憶力の増進が目的である、とする主張もある。もちろん求聞持法による記憶力増進の効果はあるのだが、それは悉地を得た結果に身に付く付随的なものであり、もとより記憶力の増進が本来の目的ではない。何度も何度も血反吐をはくくらい陀羅尼を唱え続ける修行は、記憶力の増進を目指すのではなく、仏そのものと一体となる宗教体験を得、常人では得られない呪力を具（そな）えたいからである。途方もなく陀羅尼を唱えることは、そのような悉地を体験するためなのである。

このように空海が求聞持法を修して得ようとしたものは、人間の限界を超える修行をなすことで仏になりきる深い宗教体験を得ることであり、その上で宗教的呪力を身につけることであった。いうならば悉地の体験、すなわち悟りの境地に達することであり、それは決して学解によって得られるものではない。空海の追い求めた世界は知的なレベルのみで求められるものではなく、釈尊と同等な悟りの実体験によってのみ得られるもので、まさに即身成仏にこそあるといえよう。

重ねていうが、空海の掲げた密教の真髄は「現世に即身成仏すること」にある。なぜなら、即身成仏をなすことによってのみ、この身このままに「秘密」が得られるからである。即身成仏思想の実践の意義は空海が真言教学の要（かなめ）に据（す）えたものであり、それについては自著『即身成仏義』に明確に示されている。

しかし若き空海が求聞持法を修している段階においては、空海の即身成仏思想がいまだ未成熟であり模索中であることを示している。空海が密教の全体像をつかみきり、教学的にも修行法としても体系化するには、もう少し時間が必要であった。少なくとも、空海が奈良の久米寺（くめでら）で『大日経』を発見したことに端を発し、唐から曼荼羅を携えて帰朝するまで待たねばならない。なぜなら密教の思想や行法は曼荼羅に表現されているが、久米寺で『大日経』は得たものの、その教えを具現化した曼荼羅はまだ日本には伝わってはいない。なぜならこの段階では空海といえども、密教の全体像をつかみ取ることは不可能であったからである。

以上のように求聞持法の実践修行は密教の行法の体系が構築される以前のものであり、その実態はひたすら祈ることにある。呪力が具わるといっても、どうしてそうなるのかという答えは教学的には何も示されてはいない。それ故、教学に身を固めた奈良の僧たちからみれば、雑密修行たちの宗教体験は評価しえても、内容的には教理が未成熟であり祈願だけの存在と映ったに相違ない。

だが山岳修行により宗教体験を得ようとする一連の山岳修行者の動きは、確実に新たな仏教の動きを示したものであり、神信仰にも大きな影響を与えたことは間違いはない。奈良の六宗すなわち三論・成実・法相・倶舎・華厳・律などの学問仏教とは、明らかに目的が異なっている。すなわちそういった山岳修行者の行動が、新たな仏教運動となり得るのである。その山岳修行者が山に分け入ることは、必然的に山岳の神々と直接接触することになり、神仏融合の展開に大きく影響を及ぼすことになる。

●神々の苦悩

飛鳥時代以降、仏教は急激に拡大し、寺や僧侶の数も増大した。僧の増加は仏教が大衆に浸透しうることにつながるが、その一方で僧の質の低下という問題も生じてきた。要するに胡散臭い僧も混在することになり、その対応もしなくてはならなくなったのである。しかしそうはいっても、仏教が全国規模で展開していることは確実であり、いろいろな問題は孕みつつも仏教の勢力は山岳修行者の影響も加わり、着実に拡大していった。

たとえば聖武天皇（在位七二四〜七四九年）は、七四一年に国分寺の建立の詔を発し、さらに七四三年には東大寺の大毘盧舎那仏造営の詔を発するなど、具体的な施策を実行に移し積極的に仏教興隆につとめていった。このような国家の力を背景に、仏教は瞬く間に組織化され、全国に基盤を固め根をはっていった。そしてこの動きに応ずるが如くに、独自な仏教活動を進めて行っていったものが山岳修行者である。彼らは行動は内なる力となって社会に浸透し、仏教が全国的に広がっていく実質的な働きを担ったのである。もとより山岳修行者は呪力を駆使し現世利益を行うのみではなく、各地に情報を提供することなどの役割も持つことで、さらに存在感を強めていった。山岳修行者の活動は、思った以上に大きな影響力があったのである。

山岳修行者の積極的な動きに伴い、さらには仏教の急激な拡大に呼応し影響され、神々の世界に思ってても見ない異変が起きてくる。その異変とは、神が神の立場を捨て仏教に帰依(きえ)するという現象で、「神身離脱(しんじんりだつ)」と呼ばれている新たな動きである。「神が神の身を捨てる」などということは、現代の我々の感覚ではあり得ないことで、それがどのようなことなのかすぐには理解し難いことである。なぜなら我々の一般認識では、神は人間を超越した存在と思い込んでいる。それ故、人間を超えた存在である神が自分の立場を捨てることなどは、まさに思いの外のことである。人間が役職を辞任することと、神が自分の立場を放棄することとは全く次元を異にする問題だからである。神が自分の立場をすてるなどの行為は、一般には到底考えが及ばないことなのである。しかしこの時代には、実際に神身離脱という動きがあったのである。神が神を捨てるとは、現実にはどのようなものであったのだろうか。

多度神(たどしん)と神身離脱

この「神身離脱」の問題を論ずるとき必ず取り上げられる文献が、『多度神宮寺資材帳(たどじんぐうじしざいちょう)』の次の文章である。時に七六三年のことであった。

＊我れは多度の神なり。吾れ久劫を経て、重き罪業をなし、神道の報いを受く。いま冀は長く神の身を離れんがために、三宝に帰依せんと欲す。

神は人間の眼には見えない存在で、自然そのものといってよい。それ故、三宝に帰依したいと願う多度の神とは、神そのものではなく神を祀る責任者である。つまり今日でいえば神主的な役割をしていた者といえよう。具体的には地域共同体の長たるもの、つまりは地方の豪族なのである。豪族は地域の共同体を治める責任者であるとともに、神を祀祭する役割も担っていたのである。この祀祭者は、当然のことながら、現在のような聖職に専念する神主とは質的に異なっている。すなわち豪族は、神の名を用い祀祭者という立場を有効に生かし、神の力を借りて人々を治めていた。しかし変化する時代の力に押され、それまでの統治の方法に限界が見え、新たな手立てが必要となった。その転換をどうすべきかという悩みが「神の道を逸脱し罪業をつくる結果となり、いまやその報いで苦悩を受けている」という言葉になったのであろう。

しかし教学を持たない神では豪族を救う具体的な手立てではなく、救いを仏教に求める以外の解決の方法はなかった。なぜなら仏教には罪業を償うために何をなすべきか、それを示す実践と教学が確立しているからである。彼らがこの困窮した状態から脱するためには、今の神という立場を捨て仏教に転じることを決意しなくてはならなかった。「三宝に帰依したい」という言葉はまさにその告白なのである。だが教学が確立していたといっても、奈良仏教の学僧たちがその役を担えたわけではない。実際は山に分け入り修行を行っていた修験密教者の働きが、神々を仏教へと引き込んでいったのである。

「神という立場を捨て仏教に帰依する」という「神身離脱」の宣言は、多度神が初めではなく、既に鹿島大神も発していたのである。多度神の場合も、鹿島大神のときも、修験密教者である満願（万巻）が深く関わり、彼の力で神宮寺が建立されたのである。たとえば満願は大般若経六百巻を書写し、これを鹿島大神に納めて神仏融合を計り神宮寺を建立した。あるいは箱根三所権現などを建立するなど、精力的に神と仏とを結びつけていった。こういった満願の動きに端を発し、住吉神宮寺・伊勢大神宮寺などはもとより、神宮寺建立の動きは八世紀後半から九世紀にかけ、急速に全国的に広がっていったのである。

　このように神からの「神身離脱」の声を聞いて素早く反応し対応したのが、満願をはじめとする山岳密教者たちであり、後述する空海もまた満願などの影響を受け、その流れを継承していった一人と考えられる。彼らは「三宝に帰依したい」という全国の神々から発せられた声を受け、神を仏教帰依に向かわすべく積極的に動いたのである。

神宮寺建立の代表的な存在である満願は、このような伊勢多度大神の声を耳にすると、すぐさま多度山の南に小堂を建て神宮寺とし、ここに多度菩薩という神像を造立し安置した。神の本拠である山岳に寺を建立したのである。この画期的なできごとがなされたのが天平七年、すなわち七六三年のことである。満願は小堂の中に神像を彫って安置し、これを仏になろうとする神の修行している姿、すなわち菩薩と同等に位置づけた神像としたのである。これこそまさに神が三宝に帰依し、菩薩行の実践者となったことを形で表したものである。

●多度神宮寺のその後

さて多度神について、少し触れておこう。言うまでもなく多度神は、多度山を神体山として信仰されている神である。その多度山の場所は、現在の三重県桑名にある。ここは古代祭祀を彷佛とさせる、霊気あふれる磐座が山の中腹に存する山で、社伝によると五世紀後半、雄略天皇の御代（四五六～四七九年）に信仰がはじまったと伝えられている。この古刹である多度の大神は、古くより伊勢をはじめ美濃・尾張などの人々に信仰されてきていた伝統ある神であった。その神が神身離脱を告白したのであるから事は重大で、社会に与える影響も少なくなかった。

こういった経緯があって多度神宮寺の歴史がはじまるのであるが、その後の展開は想像とは違う動きを見せたのである。つまり仏教に帰依したことで多度神に対する信仰の火が消えてしまったのではないし、また神信仰が疲弊してしまったのでもなかったのである。むしろ多度神宮寺は仏教と習合することで逆に興隆発展し、たとえば山内の堂宇だけ見ても、三重塔二基・法堂・僧房などの諸堂を整えるようにまでに成長したのである。それのみならず寺格も向上し、ついには国分寺に準ずる扱いをうけるようになったほどである。そして最大時には寺院七十房・僧侶三百余を数える大寺院、すなわち大神宮寺となったのである。

多度神宮寺に限らず他の神々も、神身離脱を宣言し三宝に帰依する動きをみせるのである。こうした動きを展開した神々は、仏教と連携をもつことで苦悩を脱しただけではなく、幅が広がったことで人々の支持を得ることに成功し、以前にも増して栄えていくことになる。まさしく神は神宮寺の出現を願望していたのである。

ところで神宮寺が興隆した大きな要因は、神像を祀ったことにある。本来神は姿を持たない存在であり、そこが神信仰と仏教信仰と大きく相違するところであった。神信仰には、仏像のような具体的な礼拝対象を持たない代わりに依り代（よりしろ）があった。つまり神信仰においては、拝む対象は霊木や磐座などの自然物であって、あくまでも依り代としてあるもので神そのものではない。依り代は神が来臨する場所であり、神そのものを表す特定の造形された礼拝対象ではない。しかもそこに常住しないので、神に降臨してもらうためには祭事を行い受け入れ対策を整えなくてはならない。それ故、仏教では仏像を祀るお堂が必要であるが、最初期の神信仰においては依り代があれば社殿はなくてもよかったのである。むしろ自然のままのほうが、神が降臨しやすいのである。

しかし神宮寺が建立され次々とは神と仏が手を結ぶ展開になると、神においても神像や社殿が必要となっていく。そのことは神が常住する場ができたわけであり、信仰する人々にとってはいつでも集まれる環境を確保したことになったのである。

●密教の展開

奈良時代における山岳密教者の動きは、神宮寺建立という大きな礎（いしずえ）を残した。奈良の学僧とは異なり呪術と奇跡を駆使する山岳密教は、その力を有効に用い宗教活動を実践する上で決定的な役割をはたしたといえよう。しかし前述したように、修験密教の修行者は呪力は身につけても、この時点では、「神と仏がどのように結びつくのか」、といった教学的論理を持ち合わせるまでには至っていない。少なくとも華厳学・法相学・三論学などの確立した教義を持った奈良仏教には、教理教学の面では決定的に見劣りすることは否めない。山岳密教としては何としても奈良仏教とは違う、できうれば奈良仏教の教学を超えるような体系的な密教教学の構築を何よりも望んでいたのである。

空海は山岳修行をする中で、山岳密教にある人々のかかえていたこの悩みを、読み取っていないわけがない。空海は入唐（にっとう）以前から、密教の理論体系化を期していたことは、十分考えられることである。そして密教の教義を体系的に説示する『大日経』を久米寺で感得（かんとく）した空海は、この発見で密教教学の構築の可能性を自覚したのである。『大日経』の発見は、空海を入唐へと走らせる大きな要因となったのであるが、その背後には山岳密教者の存在を見逃すことができないのである。

事実、空海が帰朝後に展開した密教は神との融合のみならず、奈良仏教をも包み込む論理をもって、仏教全体を見通した密教教学を構築したのである。そして空海が提示した密教思想が、その後の日本をリードし密教が日本を覆（おお）い尽くすことになるが、その話の詳細はもう少し後に回すことにする。

●神身離脱の背景

なぜ神々は、神身離脱などを宣言するようになったのであろうか。ここでもう一度整理をしておきたい。神身離脱宣言の大きな理由として一つは、「一般の人々が仏と神との根本的な性質の違いを理解するようになった」ことであり、もう一つは神々の祭祀を取り仕切るのは豪族であるが、「これまでの祭祀のやりかたでは行き詰まってしまった」ことにある。神との交霊(こうれい)は巫女(みこ)がするにせよ、祭祀の責任者は地方共同体を仕切る豪族の長である。仏教のように修行を重ねた僧侶のような存在ではなく、あくまで俗世間の一介の人間にすぎない。しかし山岳修行者は厳しい修行を実践し、宗教的呪力を身につけた、人間の領域をはるかに超えた存在である。

性質の違いとは、神信仰の形態が教学にもとづく体系化された仏教と本質を異にすることに、神自身が気がついたことである。このような見解に立ち「神も人間と同様に仏に包含されるもの」と位置づけ、神と人間を同列に置いたのである。そうなれば、日本の神々も人間と同様に苦しみから逃れる願いを持つことができる。すなわち神も仏に救済を求め、解脱(げだつ)を願うという大乗(だいじょう)菩薩としての認識が得られることで、仏教との連携が正式になりたつのである。

もう一つの実際的な問題とは、村をとりまとめる豪族たちの現実的な思いである。もともと人々との神信仰の共有は、共同体維持のために欠かせないものであった。たとえば豪族には、国に租税を収める現実的課題があった。そのためには稲の収穫が不可欠な条件であり、豊作が第一の願いであり課題であった。田畑を耕作し作物の豊穣を願う人々にとっては、自然の恵みをもたらす神の霊力こそ最大の頼りとするものであった。それ故、神から霊力を付与された稲穂を播けば、豊かな収穫が得られると信じたのである。収穫後に神に捧げた稲穂は感謝の気持ちが込められたものであり、神に捧げられた稲穂は、そのまま租税となるのである。

秋の収穫を神と共に祝う祭祀は共同体維持の重要な儀礼であるが、その祭祀を司るものは豪族である。収穫した穀物などを神に供える祭りの場は、同時に租税の徴収の場でもあった。すなわち収穫された稲穂は、基本的には共同体の人々に平等に与えるのだが、その一部が神に供える名目で租税に当てられたのである。すなわち祭祀の名目で供えられた稲穂は、そのまま租税として国家に納められるシステムのなかにあり、それを円滑に進めるためには神信仰は無くてはならないのである。

しかし、時代の変化はそういった単純なシステムだけではスムーズに事が運ばない情況を作り出していった。神身離脱の問題は、こういった租税の徴収システムのほころびから始まったのである。

　つまり神信仰を利用してできた徴税のシステムは、共同体という小さな場だからこそ有効なのであった。時代の変化とは、墾田（こんでん）拡大などにより次第に豪族は支配地域を広げ、それに伴（ともな）い人口が増加し、農業技術が高まるなどの変化を生み出していった。そのことは人々の生活に影響を与えていく。つまり人々の生活の格差を作り出し、貧富の差が広がっていくのである。そのような時代が変化するなかで、これまでのような神を介在として人々を掌握していく従来の方法では、現実的に収拾がつかなくなったのである。

　自然神は五穀豊穣という結果をもたらしてくれるが、逆に災害を与える厄介な存在でもある。また神はあくまでも信仰の対象であり、神から人々に近寄ってはこない。衆生（しゅじょう）救済を掲げ人々に接近することを旨とする大乗仏教とは、全く異なる存在なのである。そういった現実の悩みの中で、祭祀を行う豪族は神を離脱し仏教に帰依することで、こういった現実の苦境からの脱却をはかったのである。つまり神々、すなわち豪族たちは仏教に帰依することで、民衆把握の新たな展開を期待したのである。

　このような豪族の苦しみを敏感に察知した満願を筆頭とする山岳修行者は、次々と神の領域に神宮寺を建立していった。このような行動が神と仏が正面から結びつける結果を生み、日本独自の神仏習合の文化が進展していくのである。そして神宮寺による神仏の結びつきの影響は、一般寺院にも及んでいく。すなわち、山岳にはない普通の仏教寺院も神を勧請しはじめ、神仏融合の動きが広がってくる。

ここで神宮寺ができる以前の神信仰と仏教信仰の特徴についてまとめておきたい。まず神信仰であるが、次のような特徴が見られる。

神の場合

①神は姿形がない存在で、祈ることで依り代に降臨する。人の意のままにならない存在である。祈りの場として必要なのは依り代である。具体的にはまつりを行うための「ホコラ」であった。ホコラは「祠」の漢字が当てられているが、原義は「倉」であったという。すなわち穀物を納める穀倉である。

②人々は五穀豊穣などを神に祈るが、その神は人の魂の救済者としての存在ではない。巫女は霊感を持ち神の言葉を伝えるが、それは個々の人の心の救済のためではない。

③教理は必要ない。

仏教の場合

①仏教には仏像などの礼拝(らいはい)の対象がある。
②お堂など、仏像の安置の場や礼拝の場が必要。
③人の救済を目的とし、介在者としての僧侶の役割が重要。そのため僧侶としての修行や資格が要請される。
④教えを示す教理が重要。

●神宮寺と神仏分離令

翻(ひるがえ)って神宮寺の展開を見ると、神宮寺は七一五年に建立された気比(けひ)神宮寺にはじまり、その後に若狭比古神願寺(わかさひこしんがんじ)・鹿島神宮寺・宇佐八幡(うさはちまん)神宮寺・多度神宮寺・伊勢大神宮寺など、神宮寺が次々と建立されていったのである。聖武天皇による国分寺建立の詔も、神宮寺建立の動きに拍車をかけたといえよう。

このような現象に対し逵日出(つじひで)典氏(『八幡神と神仏習合』)は、次のような指摘をしている。すなわち「これら神宮寺は、ほとんどが大和以外の地域、つまり地方に分布している」とし、このことは神宮寺の推進者が、地方豪族であったことを如実に物語っている証であるとする。神宮寺建立の広がりを実際に関わっていたのは、当然ながら僧侶である。しかしその僧たちはすべて山岳修行者であり、たとえその僧が官僧に属していたとしても、彼らもまた山岳修行の実践者であったことに疑いは無い。

今や忘れ去られてしまった神宮寺や神仏習合の歴史は、日本の精神史を築いた基盤である。そういった歴史的な実態を持ちながらも、神宮寺の問題は近年の仏教史のなかではそれほど重く見られていない、というより忘れ去られているともいえる。その最大の理由は神仏分離令にある。明治維新になりすぐ実施された神仏分離令は、富国強兵を目指す国策の一環で行われ、これによって日本は帝国主義国家の方向に向かうことになる。その是非の問題はさておき、神仏分離令の結果は仏教にとって大きな実害をもたらした。中でも神仏融合を率先して行っていた密教に及ぼす影響は、特に顕著なものであったことは言うまでもない。もちろんそれは山岳密教すなわち修験道の世界も同様であった。

たとえば修験に対してはいわゆる「修験道廃止令」がだされた。呪術や祈祷を行うだけの修験の宗教は、迷信であるとし排除しようとしたのである。それが「太政官(だじょうかん)第２７３号」であり、明治五年九月十五日に発布された。ちなみにその文をあげておこう。神仏分離令は神社と寺院を区別する条例であり、これそのものは仏教の弾圧とは言えない。しかし「修験道廃止令」は国による弾圧と言ってよい。

府県へ

修験宗ノ儀、自今被廃止、本山当山羽黒派共従来ノ本寺所轄ノ儘、天台真言ノ両本山へ帰入被仰付候條、各地方官ニ於テ此旨相心得、管内寺院へ可相達候事、

但、将来営生ノ目的等無之ヲ以帰俗出願ノ向ハ始末其状ノ上、教部省へ可申出候事

このような日本政府の動きによって、日本の宗教界は大きく転換せざるを得なかった。日本人の精神を担ってきた神宮寺も、この神仏分離令によって一気に解体したのである。神社と寺は分離し、それぞれが新たな展開を余儀なくされたのである。

神仏分離令の施行によって、具体的に寺と神社のありかたが変わっていったのである。たとえば神社では、それまで住んでいた社僧といわれた僧侶を還俗（げんぞく）させるべく、そのための処置も行われた。さらには神体を仏像としている場合はこれを取り払い、また鰐口（わにぐち）や梵鐘（ぼんしょう）など仏教のものとおぼしき道具類は破棄させるなど、神社から仏教色を一切無くさせる政策が次々に実行された。

これらの分離政策の実行を利用し神道の拡充を進めようと、一部の過激な神官たちは「廃仏毀釈」の運動を展開したのである。彼らにとっては仏教に関わるすべてが邪魔な存在となり、それ故、堂塔伽藍はもとより、仏像・仏画・絵巻物・その他の什物など、仏教に関連するあらゆるものが廃仏毀釈の対象となったのである。この廃仏毀釈の嵐によって、日本の半数といわれるほど多くの寺院がこの被害を受けたのである。そのために、残っていれば国宝に指定されるような多くの貴重な文化財が、ことごとく失われてしまったのである。もちろん一番被害を被ったのは、神仏融合を進めてきた神宮寺である。当然ながら神宮寺の存在は、ほぼ壊滅状態となったのである。

しかし、それまで神仏一体としてあった神宮寺は、どちらに属するにしろ実質的には完全な分離は困難であった。たとえば上賀茂神社のように、神社のなかに小規模な仏堂がわずかにあるだけでも神宮寺と称していた場合もある。あるいは日光東照宮のように、大社でありながらも大寺である場合など様々である。日光での運営の実態は、輪王寺が完全に掌握していたのである。

さらには根来寺のように起源は神宮寺として創建されたものの、神宮寺としての役割はほとんど消滅したと考えられる事例もある。清荒神や高尾山薬王院のように、その運営は寺院・僧侶が完全に掌握していたとしても、明治期の神仏分離を経た現代にあっても荒神や飯縄権現といった神祇を祀る神社が信仰の中心となっている場合もある。神社と神宮寺のどちらが主体かは断言はできないが、神祇のための寺院という神宮寺としての役割を考えたとき、神社の存在ぬきに神宮寺はありえないため、宗教施設を中心に考えれば神社が基本であるともいえる。なぜなら神社がなければ神宮寺と称す必要がないからである。逆に寺院のための神社の場合は、寺院あっての神社であり、寺院ぬきには鎮守社の存在はありえないことになる。

また一般の人の生活を見ても、今でも神棚と仏壇は混在している実態がある。それは神仏分離令が出されても、それは政治的な問題であり一般の家庭では神も仏も同じように扱われていたのである。

●神身離脱を言わなかった神

確かに神身離脱を訴え神仏が連携し神宮寺化していった流れは大きな動きであったが、だからといって神宮寺となった神社のすべてが神身離脱を唱えたわけではない。たとえば鹿島神宮などは国家の力を背景にしているので疲弊するわけもなく、それ故あえて神身離脱を宣言する必要性はなかった。あるいは仏教から神に働きかけ、「鎮守」という形で神を迎え入れる動きも存在していた。すなわち寺側から特定の神を選び、その神を守護神として勧請（かんじょう）し、寺の鎮守とすることも行われた。この場合は神宮寺化は寺からの要請でなされたものであり、従って同じ神仏融合の動きといっても、神身離脱とは全く別な視点から考察する必要がある。

たとえば東大寺の場合は、宇佐八幡を近隣地の梨原宮（なしはらのみや）に勧請したのである。今は東大寺境内の手向山（たむけやま）に八幡が移されていて、場所は最初のときとは違っているが、八幡神を勧請した事実には相違ない。また法隆寺も八世紀に生駒（いこま）の龍田（たつた）大社を勧請したことも、同様な理由である。

それとは逆に、神を寺に勧請するのではなく、神の居場所の近くに寺を建立することも行われた。古くは興福寺がそれである。興福寺は後の春日（かすが）大社、すなわち神々が住む三笠山（みかさやま）のふもとに建立された寺であり、神身離脱によるものではない。言うまでもないが神の地に仏教が入ってきても、神は自らが持つ性格を失うこともなく、むしろ互いに繁栄していったのである。いずれにしろ神と仏との融合は次第に進み、神仏和合の流れは日本人の独自の精神性を作り上げていくのである。

さて話を八幡神にもどそう。八幡神はこれらの神々とはかなり性格を異にしている。たとえば八幡神は、神身離脱を宣言しない神の代表といってよい。なぜ八幡神は神身離脱を言わなかったのであろうか。結論から言えば、「八幡神は神身離脱の宣言を口にする必要がなかった」からである。なぜならば、八幡は八幡神であるとともに、八幡大菩薩とも称されていたことによる。つまり八幡はもともと神仏が混在していたのであり、しかも主体は大乗仏教の推進者である菩薩すなわち仏教なのである。

八幡神とは、言うまでもなく現在の九州大分にある豊前国宇佐にある宇佐八幡が本拠である。石清水八幡が大和の近隣であることから、一時は宇佐ではなくここが八幡神の中心的な役割を果たしていたこともあった。しかし八幡の本拠地はあくまでも宇佐なのである。そのことはさておき、八幡の本拠である宇佐の地には、すでに七二五年には弥勒寺が建立され「宇佐八幡神宮寺」ができているのである。それは神身離脱を訴えた鹿島神宮寺や多度神宮寺が創設される以前のことである。

この八幡神は古代日本にとって、中央政権に大きな影響力を及ぼす極めて重要な力をもっていた。特に託宣の神として名高く、その力は日本の天下を揺るがすほど強力であった。たとえば東大寺の大仏建立に際して、「われ天神地祇を率い、必ず成し奉る」という託宣を出し、聖武天皇の大仏建立の事業に協力を約束した。そして大仏鋳造に力を注ぐだけではなかった。すなわち大仏建立の最後になって、これを荘厳する金が不足する事態となったのである。金はまだ日本では採掘されていなかったので、朝廷は新たに唐からの金輸入も視野に入れていた。しかし「金は必ず国内より出る」という宇佐八幡の託宣が出され、実際に陸奥国（むつのくに）から金が採掘されたのである。奥羽（おうう）における金の採掘は日本ではじめてのことであり、それをなした八幡は日本各地に勢力を伸ばしいよいよ大きな力を持つようになったのである。

宇佐八幡はこればかりではなく、託宣の神としての存在で有名である。たとえば弓削（ゆげ）の道鏡（どうきょう）事件や平将門（たいらのまさかど）の乱においても、託宣を発し影響力を発揮し存在感をましていった。道鏡については前述したように、阿刀氏の出身で現在の大阪府八尾（やお）市に生まれ、法相宗の義淵（ぎえん）の弟子となり、良弁（ろうべん）から梵語を学び、禅にも通じていたことで知られている。また宮中の仏殿に入ることを許され、禅師（ぜんじ）に列せられた人物である。特に病を患（わずら）った孝謙（こうけん）上皇に侍（じ）して看病して以来、その寵愛を受けることとなった。孝謙天皇の父は聖武天皇であり、母は有名な光明皇后（こうみょうこうごう）（光明子（こうみょうし））である。光明子は藤原氏出身で、史上初めて人臣から皇后となった人物である。女帝としては史上六人目で、天武系からの最後の天皇である。

淳仁（じゅんにん）天皇は仲麻呂（なかまろ）とともに、道鏡を寵愛することに異論を示し、また皇位継承の問題も重なり孝徳（こうとく）天皇と不和となった。そのようなことから孝謙上皇と淳仁天皇とは、全く相容れない関係となったのである。

その道鏡は七六三年に少僧都に任じられ、翌年には藤原仲麻呂の乱で太政大臣（だじょうだいじん）の藤原仲麻呂が誅されたため、太政大臣禅師に任ぜられた。翌年には法王となり、その力を増大していった。しかしその反面、藤原氏の不満をつのらせた結果、双方に確執が続くこととなっていったのである。

その道鏡は「宇佐神宮より天皇の位を道鏡に譲れとの神託があった」との言葉を信じ、皇位に就く志を抱くようになったという。しかし和気清麻呂が勅使として宇佐八幡に参向し、この神託が虚偽であることを上申したため、道鏡は皇位に就く夢をはたすことができなかった。さらに言えば、平将門の乱もまた八幡の託宣が関係しているのである。このときは平将門に対し、「八幡大菩薩が八万の軍勢を起して皇位を授く」という巫女からの託宣があったという。このように宇佐八幡の力は、大和朝廷にとって極めて大きな影響力を及ぼしていた。

●渡来経路と神のルーツ

仏教が伝来以降、神仏混交の信仰は進み深く浸透していったが、それは神信仰が日本独自のものであることを意味してはいない。仏教渡来の時点で、すでに神仏混交であったことはすでに述べた通りであり、ここにも韓半島の人々の文化が大きく影響している。もとより古代日本は、銅や鉄の採掘、造寺、造瓦などの技術技法をはじめ、大陸の進んだ文化が渡来人たちによってをもたらされたことで発展していったのである。渡来人の文化を無視しては、日本の古代の文化は何一つも語ることはできない。

その渡来人たちが韓半島から日本に渡ってくるルートはいくつもあるが、最も多いのは半島から対馬・北部九州を経て日本の各地に来る航路である。新羅を主とした韓半島南部と北部九州は、同じ文化圏にあるといえる。もちろん広義には北部九州から出雲（いずも）や若狭へ向かう日本海ルート、あるいは関門海峡を通り瀬戸内海を経て大和に至るルートにある地域も、広くとらえれば同じ文化圏といえよう。そして彼らは近畿に止まるのではなく、太平洋沿岸を経て遠く関東の地まで足を伸ばし、日本全国に広がっていったのである。

これらの海路を利用し、渡来人は鉄などの物質文化をもたらした。しかしそれだけではなく、彼らの持っていた「神信仰」も伝えていたことも忘れてはならない。我々は仏教はインドより伝わったものであり、八百万（やおよろず）の神は日本古来の信仰と思い込んでいるが、実はその神でさえ渡来神であることも珍しくはないのである。

たとえば新羅神も外来の神である。新羅神社はほぼ日本全国に見られるほど存在するが、実際には日本海側に圧倒的に多い。それは韓半島からの渡来人は、古くは日本海ルートを用いていたことを物語っている。我々は仏教公伝や白村江の戦いなどの印象が強く、無意識のうちに百済からの渡来が多いとイメージしてしまう。しかし対馬の上県から釜山が見えるように、日本に一番近い国が新羅である。それ故、新羅からの渡来はそれほど困難ではなく、実際は新羅人との交流は古くからかなり多かったことは認識しておくべきであろう。新羅神社の存在はその証でもある。

さてこの新羅神社は新羅人が祖先を祀った祖廟である。出羽宏明氏によれば、新羅神社の呼称は「しんら」と「しらぎ」が混在し、表記や発音も変化しながらも残っていることを指摘している。たとえば白城・白木・白鬼・信露貴・志木・白井・白石・白髭・白子・白浜・白磯など、いずれも新羅から派生した言葉である。そして新羅の名称は日本海側のみならず、関東にも多く残っている。新座・新倉・志木・白子などの地名も、新羅の変化形である。

●素戔嗚命の存在

新羅神社に祀られる神は、素戔嗚命である。素戔嗚命に関しては様々な伝承があるが、なかでも『日本書紀』に記述されている「八岐大蛇を退治した説話」は特に有名である。『日本書紀』によれば、「天から追放された素戔嗚命は、新羅の曽尸茂梨に降り、この地は吾れが居ること欲さずと言い放ち、息子の五十猛神（いそたけるのかみ）と共に土船（つちぶね）で東に渡り出雲国斐伊川上（いずものくにひいがわかみ）の鳥上の峰（とりかみのみね）へ到った。その後八岐大蛇を退治した」と記されている。つまり素戔嗚命は、この「新羅の首都である曽尸茂梨に天降（あまくだ）ってから出雲の鳥上峰に来た」という記述からして渡来の神とみることができる。つまり素戔嗚命とその一族は、恐らく韓半島と日本を自由に行き来していたものと思われる。素戔嗚命が州砂（すさ）（＝砂鉄）の王といわれるのも、伽耶（かや）が鉄の産地であることが関連していると考えることもできる。

新羅神社が祖廟であることからしても、素戔嗚命が渡来の神であることの証ということができる。素戔嗚命は平安時代以降は、新羅のみならず韓半島から渡来した人々の神として祀られていくことになる。その素戔嗚命は、新羅神社のみならず八幡神とも同様に関係が深い。すなわち八幡神は辛島（からしま）氏が新羅から伝えたものであるが、その辛島氏の始祖は素戔嗚命の子である五十猛命と伝えられている。まさに宇佐八幡はまさしく新羅から降臨した外来の神なのである。

八幡神に限らず、『記紀』における神話は、この素戔嗚命に関係する神々がすこぶる多い。そのことは古代日本国家は、伽耶を含む新羅系の人々が大きく関わっていたことを意味している。

●宇佐八幡とは

宇佐八幡は北方は周防灘(すおうなだ)に面し、西には中津平野が広がり、東には国東半島につながる位置にある。朝鮮半島から瀬戸内海を経て難波津(なにわつ)から大和に至るのが交通路であるが、宇佐はその航路の丁度中間にある交通の要所である。その地に移り住んだのが、新羅系の渡来集団である。逵日出典氏は『八幡神と神仏習合』において、『豊前国風土記』の逸文(いつぶん)を引用し次のように述べている。すなわち「昔者、新羅の国の神、自ら渡り到来りてこの川原に住みき。すなわち名を鹿春の神といひき」と記述されていることから逵氏は、「新羅神は香春岳(かわらだけ)の東麓から南麓にかけ流れる金辺(きべ)川(がわ)の川原に住みついた」と論じている。

八幡神が渡来神であることは、『八幡宇佐宮御託宣集(はちまんうさぐうごたくせんしゅう)』に「辛国(からくに)の城にはじめて八流の幡(はた)と天降って、吾(われ)は日本の神となれり」と自ら語っていることからも知られる。「吾は日本の神となれり」との言葉は、「八幡神が辛国すなわち韓(から)の国から来た渡来神である」そのことを明確に示している。そして宇佐八幡が新羅の神であることを宣言した文から類推すれば、一族は五世紀の前半には集団で渡来したと見ることができる。彼らは携えている採銅や造寺・造瓦などの技術を駆使し、次第に勢力を拡大し居住範囲を拡大していった。その後も多くの渡来人が移り住むことになるが、彼らの多くは秦氏であり結果的に「秦王国」を築くことになった。

何度も述べたことであるが、新羅の神信仰は仏教の弥勒信仰に道教やシャーマン信仰を融合させたものであり、それがそのまま日本に伝えられたと考えられる。宇佐八幡が神身離脱をいわなかったのは、もともと神仏融合であったからなのである。

ところで八幡の名は、何に由来するのだろうか。それについては明確な答えが出されていないのが実際であるが、逆にそれはいくつもの解釈ができる原因でもある。たとえば八幡は「はちまん」と言い習わされているが、「やはた」ともいう。「はた」ということから、幡は朝鮮語の海をあらわすパダであるとか、秦氏の秦に由来するとか、サンスクリットの幡を意味するパダであるとか、「音」から類推しこのような様々な理解が生まれている。密教で重要な尊格である宝幢如来の尊名も「宝の幢」を意味し、仏堂に飾る「幢幡」もまた「はた」なのである。

では八幡の八は、如何なる意味から付けられたのであろうか。八には四方八方という言葉のように、広がり興隆する意味がある。仏教でも八功徳・八相成道・八正道など、八にちなんだ言葉は多い。しかし八幡の八がどのような意味からつけられたかは、確定してはいない。

しかし逵氏は独自な解釈をしているので、ここに紹介しておきたい。逵氏は「八流の幡と天降って」という記述を重視し、八幡の意味を考察している。それによれば「新羅においては仏教と道教の融合が進み、独特な宗教となっていた。したがってそこには仏教・道教のいずれにあっても重視される八という数字への強い意識が伴うことは当然であろう」と述べた上で、「八流の幡は新羅神の祭祀方法であったことを重視すべきである。祭場の広場に八流の幡を立て巫女が神の降臨を仰ぎ、祭祀がとりおこなわれたと解するべきであろう」、と述べられている。新羅神の儀礼儀式から八幡の名が付された、という見解である。

●宇佐八幡と放生会（ほうじょうえ）

宇佐八幡神の数々の託宣に象徴されているように、託宣の神の異名がある。大和朝廷は国家の重大事に関わる問題が生じると必ず宇佐八幡に相談している。前述した東大寺大仏の金、弓削道鏡事件などは、その代表例である。託宣を求められるほど宇佐八幡の力が増し、大和朝廷にとっては宇佐八幡の力は脅威でもあった。それ故、大和朝廷は宇佐八幡の力が、直接自分に降りかからないようにしなければならない。そのためには八幡神の眼を大和朝廷ではなく、ほかにそらす必要があった。つまり韓半島など外国との交渉に当たらせることで、その力を外に向けさせようとした。もともと渡来神である宇佐八幡は、そのことで一手に海路を制することとなり、大きな勢力を作ることになったのである。

そもそも宇佐八幡は、宇佐氏による御許山（おもとさん）の神体山信仰に原点がある。要するにこの地域に新羅系渡来集団である秦氏が渡来し、ここに居住し地盤を固め成長していったのである。具体的には、秦氏系に属する辛島氏が渡来し定着したのである。彼らは宇佐に上陸するとまもなく、宇佐氏の神体山信仰を取り込んでそこに新羅神を降臨させたのである。しかもその新羅神は、弥勒信仰を基盤にした神仏混淆の宗教であったことは前述した通りである。

当初は辛島氏と宇佐氏が共存していたのであるが、その後宇佐氏が磐井（いわい）の乱の敗退が原因で衰退してしまう。つまり宇佐氏は反大和側である磐井氏に加担し、大和政権に反旗を翻したのである。しかし結果は磐井氏が物部麁鹿火（もののべのあらかび）に破れたため、磐井氏に味方した宇佐氏は力を失うことになったのである。磐井の乱の後、宇佐氏に代わってこの地に入り込んできたのが、大神（おおみわ）氏である。大神氏は三輪山（みわやま）の神を祀る一族であり、その三輪山は中央の大和と関係をもっていた。辛島氏とこの大神氏が互いに連携し、ここに宇佐八幡が成立するのである。時に六世紀後半のこととされている。

宇佐八幡が仏教を基盤にしていたことは、放生会を行っていたことからも知られる。放生会は仏教の不殺生戒の教えの実践の一つで、具体的には池や沼などに魚鳥を放つことで積善をする仏教法会である。放生会は仏教行事であるが、神仏分離令で宇佐八幡の神宮寺が解体され、境内にあった弥勒寺が取り壊されてしまった。しかし弥勒寺が廃されても放生会はそのまま存続し、仲秋祭と名を変えたものの現在でも宇佐八幡の大きな行事として存続している。

放生会については、『梵網経』や『金光明経』などに、作善のための大切な行為と説示されている。放生会は中国では南北朝時代、すなわち梁のころ始まったといわれている。日本では敏達天皇の時代に殺生を禁じたことが「放生」のはじまりといわれている。生きものを放生する積善の行為は、これをきっかけに日本全国に広がりを見せる。しかし、「放生会」という儀式として形となったのは、宇佐八幡の放生会が濫觴と言われている。

宇佐八幡の放生会の起こりは、七一九年（養老三年）に起こった「大隅・日向の乱」に起因する。この年は隼人によって大きな反乱が起こされたのである。もちろんそれまでも隼人との小競り合いは何度も起きていたが、特にこの年の「大隅・日向の乱」は極めて激しい戦闘であったと伝えられている。この戦いは八幡神の軍勢を全面に押し立てての戦いであり、八幡神の総力を結集した大和朝廷側がついに隼人を平定したのである。だがその激戦の結果、敵味方の双方にこれまでにない多くの犠牲者を作ってしまったのである。

放生会は、この戦いの死者を供養するために法蓮(ほうれん)が提案したものであった、といわれている。放生会は戦死者の供養のため行われたのだが、敵味方の区別をすることがなかった、といわれている。むしろ法蓮は「敵の死者の霊を弔(とむら)う」ことを優先したのである。「敵を供養する功徳は、それ以上の功徳が供養する側に注がれる」という解釈は、まさに仏教の不殺生戒の理念にもとづくものである。この放生会が示すように、宇佐八幡は当初から仏教を基調とした神信仰であり、山岳修行者であった法蓮は八幡神と強い結びつきを持っていたのである。

●宇佐八幡と山岳信仰

宇佐八幡と仏教の関係を見るとき、伝来時の新羅の弥勒信仰のみではなく、日本における展開も考えておく必要がある。そこで欠かせない人物が法蓮である。法蓮は宇佐氏の一族といわれている。法蓮の生存年代は明確ではないが、誕生は六七四年ころである。長寿であったと伝承されていることから見ると、たとえば八十歳まで生存していたとすれば入滅は七五〇年前後となる。文献資料には記載がないため伝説の人物ともされているが、法蓮の伝説伝承はこの地にすこぶる多く伝えられており、実在の人物とみなしてよいだろう。法蓮は八幡神と仏教の結びつきを確立した人物といってよい。具体的には弥勒寺を建立した立役者であり、かつまた放生会を提唱しこれを推進した人物なのである。

法蓮の師にあたる人物は道昭といわれる。道昭は二十四歳で唐に渡り、八年間も玄奘に師事していたことで有名である。そして法相唯識を伝え、日本では法相宗の開基とされている。帰朝後は元興寺の一隅に禅院を建立し、そこで弟子を指導していた。弟子の中には東大寺大仏建立に勧進元となった行基がいる。

法蓮はこの道昭の弟子の一人であり、宇佐に帰って後は法相の教理を活かした活動につとめた。すなわち彦山において道教と混交した仏教修行を行い、仏典に説かれる四十九院を模した四十九窟を建立し、虚空蔵寺を開基した。四十九院とは兜率天内院の宝殿のことで、内院中央の摩尼宝殿を囲み、四方にそれぞれ十二宮があるといわれる、その総称である。行基が畿内に四十九院を建立したのは、兜率内院の発想があったものと見ることができる。四十九窟は法蓮の弥勒浄土の世界を想定したものであろう。

虚空蔵信仰は、山岳密教者が実践する『虚空蔵求聞持法』の修行に通じている。法蓮は上毛郡山本において虚空蔵菩薩を安置し修行することで、呪力を備えた山岳密教者となり、弥勒の化身とも称されていた。

また伝承によれば、般若窟（はんにゃくつ）にはインドより伝えられた如意宝珠（にょいほうじゅ）が納められているという。それを聞いた法蓮が十二年間にわたり般若窟に籠もり『金剛般若経』を読誦し修行を重ねた結果、如意宝珠を得ることができた。それを白髪の翁が盗んだため、法力をもってこれを取り押さえた。翁は自分が八幡神であることを明かし、宝珠があればここに弥勒寺を建立し神宮寺としたい。そして法蓮をそこに迎え入れたい、と申し出た。

逵氏はこの伝承を、八幡神としての大神氏と法蓮の提携した話とみている。八幡神の座をさらに揺るぎないものにするためには、人々が崇め讃える法蓮の存在を無視できず、どうしても取り込みたかったものと論じている。八幡神が神仏混交であったところに、法力を備えた法蓮が加われば万全な体制ができるからである。

●鎮守としての八幡神

さて神宮寺には様々な形態があることはすでに指摘した。ここでは鎮守としての役割を担った神について触れておきたい。鎮守神として最も古い例は先にも触れたように、東大寺の鎮守で現在の手向山八幡が最初である。東大寺鎮守八幡建立の目的は、大仏を守護する役割としてである。

東大寺に端を発し、大安寺の鎮守八幡、薬師寺の鎮守八幡などが奈良の地域を中心に次々と建立されるのである。日吉（ひえ）神社にも、名前は八幡ではないが同様とみられる神が祀られている。

仏教と神との連携は、空海や最澄によっても進められた。比叡山には日吉大社があり、高野山には高野明神（みょうじん）に詣でて神宮寺が建立された。高野山に仏教寺院を建立するには、山の神である地主神に鎮守を願うことが大切なこととされたのであろう。しかし神に鎮守を願う具体的行為は、最澄や空海が始めたことと思われる。

現在でも本堂や諸伽藍を建立するとき、地を清め無魔安全を祈願する。いわゆる地鎮祭（じちんさい）を行うが、その儀礼には必ず地主神（じぬしがみ）に対する供養が織り込まれているのである。

●神分（じんぶん）

このような行為は、地鎮祭に限らず、密教の様々な行法や儀礼に織り込まれてくる。たとえば護摩供など密教の行法を修するときなどには、必ず神分が唱えられる。神分は一般には聞き慣れない言葉であるが、真言行者が修法を行う上では必ず唱えられるものである。その神分とは、神下（かみおろし）ともいう。修法の際に、神に所願成就の擁護を願い、無魔成満を請（こ）う文言である。根拠は『大日経』に求められるが、それは『大日経』の時代には神仏融合思想がすでにあったことを物語っている。

そしてこの『大日経』に説示された教えを、真言教学として理論構築したのは空海である。その一例は空海の行法の次第の一つである『胎蔵梵字次第』に見られるが、このような目に見える形にしたは真言密教がその始めといえよう。

なお神分の分とは、法施を諸神に分けるという意味であるという。それでは次に『不動法』に書かれている神分を一例としてあげておこう。

令法久住利益人天護持弟子悉地円満のために
摩訶毘盧遮那寶号
観自在菩薩名
金剛手菩薩名
外金剛部天等を始め奉って　三界所有の天王天衆　大日本国王城鎮守諸大明神　天照大神八幡大菩薩等六十餘州の大小の神祇　珠に別いては當所鎮守部類眷属　護持仏子　當年属星　本命元辰本命曜宿　北斗七星諸宿曜等　炎魔法王泰山府　司命司録冥官冥衆

當年行疫流行神等　乃至自界他方の権実二類　併ら法楽荘厳離業得道のため一切神分に

このように密教は、曼荼羅の最外院に描かれるヒンドゥーの神々をはじめ、天照大神・八幡大菩薩などの神々、そして泰山府君などの道教までを包含する、いわゆる神仏混淆の意志を儀礼のなかで実行しているのである。このような神分は基本形とされ真言密教の行法に定着し、現在でも変わらず行われている。

●空海と八幡神

空海は大学を中退してからの七年間は足取りがたどれず、少なくとも文献上からは姿を消してしまったのである。この空白の時期に空海はどこで何をしていたのだろうか。中国に渡っていた、金や水銀などの鉱脈を探っていた、などの説をはじめさまざまな類推がなされているが、確定的なものはない。しかし大和の金峯山あるいは阿波の大滝岳などで修行したという空海自身の言葉もあり、近畿や四国などの山々で行を積んでいたと考えるのが妥当であろう。空白といっても歴史上に空海の名が隠れていただけで、空海自身は空虚な生活を送っていたのではなく、むしろ空しからざる充実した七年間であった。すなわち山岳を遊舞しつつ学問を深めるとともに宗教体験を積み重ね自己を磨き、加えて山岳密教者たちとの親交を築いていった、と考えたい。空海が山岳修行をしていたからこそ、日本の神々と密教との接触が強くなっていったのであり、山岳修行者を通じて八幡神と関わりを持つ機会も深まったと思われる。

不思議なことに空海が関係した寺は、なぜか八幡神とのかかわりを強く持っているのである。東寺はもとより高雄山神護寺・乙訓寺など、空海関連の寺はすべてが八幡神とのつながりがある。たとえば空海が京都に帰ってはじめて入住した高雄山神護寺は、まさに八幡神の寺といってよい。この寺は和気氏の私寺であった高雄山寺と神願寺の二つの寺が合併し一つになった寺である。そしてその神護寺という寺号、「宇佐八幡の神意に基づいて建てた寺」という意味であり、八幡が作った寺といってもよい。

空海は大同元年（八〇五年）十月に帰朝したが、しばらくは入京の許可がおりず、九州にとどめ置かれた。その後、許しがでて入京したのが大同四年（八〇九年）であった。

その空海が最初に拠点とした寺が、この高雄山神護寺である。神護寺は和気真綱が管理していたが、真綱の父が和気清麻呂であり、その清麻呂は最澄と親交の厚い仲であった。また真綱の兄の弘世もまた最澄の有力な協力者であり、最澄の助力もあり空海は神護寺に入住したのである。

言うまでも無く神護寺は、和気氏の寺なのである。すでに触れたように、道鏡事件の時、宇佐八幡の託宣を請い道鏡を追いやった人物が、この和気清麻呂なのである。実際に清麻呂は八幡大菩薩が鎮座する九州の宇佐八幡宮へ派遣され、そこで道鏡を皇位につかせるか否かの託宣を願ったのである。そして清麻呂が持ち帰った「宇佐八幡は、臣下の者が皇位に就くことを望んでいない」との託宣が、道鏡失脚の引き金となったことは有名な話である。このようなことからも、神護寺と和気氏と八幡との関連が、空海にとっても意味のあることであった。この神願寺すなわち神護国祚(そ)真言寺は、詳らかには「八幡神の加護により国家鎮護を祈念する真言の寺」という意味で、この寺が密教寺院であるとともに八幡神と深く結びついていることは明らかなのである。

この高雄山神護寺には、「互いの御影(みえい)」と称する画像が残されている。互いの御影とは、八幡神が空海を描き、空海が八幡神を描いたとされる図像である。伝承によれば、空海が唐より帰る途中、お互いに相手の像を描くことを約束したという。それが「互いの御影」のいわれであり、その原本は失われてしまったが、神護寺にはその写しが残されているという。互いの御影の伝承は、まさに空海と八幡の結びつきが深いことを象徴的に示しているのである。

互いの御影と同じような話は乙訓寺にも残されている。乙訓寺は聖徳太子が創建したと伝えられる古刹で、嵯峨(さが)天皇は空海をこの寺の別当に任じ、鎮護国家の道場と定めたと伝えられている。

時に八一一年（弘仁二年）のことである。当寺は空海が別当に任じられ、一時住んでいたとされる寺で、ここで最澄との交流もなされたと伝えられている。この乙訓寺に「八幡菩薩・弘法大師合体尊像」と書かれた版画像がある。伝承によれば、空海が八幡像を彫っているとき翁が現れたという。その人は八幡神が姿を変えたものであり、翁は「私も力を貸すので、協力して一体の像を造ろう」といったという。そこで空海は首から上を彫り、八幡神は肩から下を彫ったという。別々に彫ったのに、組み合わせるとわずかな狂いもない僧形八幡の合体像が完成した。顔は老僧の風体で空海とは別人の八幡像であるが、首から下をみると、右手に五鈷杵・左手に念珠の大師像である。

また東寺には空海が彫ったとされる有名な「八幡三神像」がある。もちろん空海が彫ったというのは、あくまでも伝承である。しかし制作年代は諸説あるものの、八〇〇年代の半ばころとされ現存する八幡像としては日本最古という。これに続く作例は奈良・薬師寺の神像で、これは八八九～八九八年の造立といわれている。ちなみに東寺の八幡三神像は、僧形八幡神像と二体の女神像である。

『東宝記』によれば東寺の創建にあたり八幡神を勧請したところ、空中に八幡が現れた。空海はそれを写し取り、後に刻んだという。それが東寺にある三体の神像である。丁度このころ国ではいわゆる「薬子の変」が勃発した。この変は、平城上皇と嵯峨天皇の対立によって起きた事件である。平城上皇の動きを知った嵯峨天皇は素早く対応し、平城上皇が仏門に入ることで決着を見た。このとき嵯峨天皇は空海に意見を求めたという。、空海は八幡神の勧請を進め、自らも嵯峨天皇勝利を祈念し、一心に祈祷を行ったのである。これが一つの契機となり、空海が活躍する緒となった。八幡神との関わりは極めて深いものであったことは否めない。

●東寺の名称

東寺は東寺真言宗の総本山で、真言宗の根本道場であり、本尊を薬師如来とする古刹である。東寺は平安京鎮護のための官寺として建立され、嵯峨天皇より空海に下賜された寺院である。その東寺は真言密教の根本道場として栄えるとともに、弘法大師信仰の高まりとともに、中世以降は「お大師様の寺」として庶民の信仰を集めるようになり、一般にもよく知られている寺である。しかし「東寺の正式名は何ですか」と問われた場合、たいていの人は教王護国寺と答えるのではないだろうか。さらに山号はと問われれば、ほとんどの人が知らないと答えると思う。確かに宗教法人の公式名では教王護国寺となっているが、それは古来からの正式名ではない。しかも東寺には、次のように正式名と正式別称名との二通りもあると伝えられている。

（1）金光明四天王教王護国寺秘密伝法院

（2）弥勒八幡山総持普賢院教王護国寺

東寺の五重塔

この二つの名称には、それなりの意味があると思う。まず「金光明四天王教王護国寺秘密伝法院」という名称は、護国経典としての『金光明最勝王経』との関係が深いと思える。聖徳太子が四天王寺を建立したのも、『金光明最勝王経』によるものである。この経典が日本へ最初に伝わったのは、曇無讖訳の『金光明経』といわれている。その後八世紀頃に義浄訳の『金光明最勝王経』が伝わり、聖武天皇はこの『金光明最勝王経』を写経して全国に配布した。そして七四一年（天平十三年）には全国に国分寺を建立し、「金光明四天王護国之寺」と称したのである。四天王は聖徳太子以降、特に古代においては日本を守る護国天として強い信仰が続いている。

「教王」とは王を教化するとの意味であり、教王護国寺という名称には、国家鎮護の密教寺院という意味が込められている。秘密は秘奥の悟りの表現で、密教がとらえた甚深（じんじん）なる悟りの法を意味するものである。そして伝法とは、密教の教えが伝承されていることを指している。

もちろん東寺も正式な名称である。東寺は西寺に対する意味もあるが、単なる通称・俗称ではなく創建当時から使用されてきた歴史的名称なのである。それは平安時代以降近世まで、公式の文書・記録等には原則として「東寺」という表記が用いられている。その意味では東寺が正式名称であり、「教王護国寺」という呼称は特殊な場合以外には用いられなかったのである。

いずれにしても金光明四天王教王護国寺秘密伝法院という名称は、鎮護護国を祈ることを前面に打ち出したものであり、『金光明最勝王経』の護国思想と相まって日本を護る意思を明確にしたものである。いわば表向きの名称といえる。

そして第二の「弥勒八幡山総持普賢院」の名称こそが東寺の内実を物語るものであり、これこそが本音の名称であろう、と私は思う。弥勒八幡という山号は、まさに弥勒寺を併（あわ）せ持つ宇佐八幡神を指すものであり、ここに空海と八幡の深い絆（きずな）が感じられるのである。総持とはすべてを内蔵する言葉を指すものであり、具体的には真言や陀羅尼である。まさに真言密教の根本道場であることを、この言葉が示している。まさに弥勒信仰と八幡信仰を合体した寺、それが東寺なのである。

●空海と入唐（にっとう）

空海に入唐を決意させた根本原因はどこにあるのだろうか。通説によれば、空海は入唐以前、探し求めていた密教経典『大日経』を奈良の久米寺でにおいて感得したことが機縁とされている。この『大日経』を探し出せたのも、空海が偶然に見つけたのではなく、共に修行を積んできた山岳密教者たちの強い協力があったものと思われる。

しかし苦労のすえ探し出した『大日経』も、実際に手に取ってみると空海がこれまで目にした経典とは全く違う内容であることに戸惑いが生じたのである。『大日経』には、大乗経典とは質を異にする密教独自の教えや実践が説示されていて、思考に疑滞（ぎたい）が起きてしまい十分な内容の把握が叶わなかったのである。『大日経』を確実に理解するには、純粋な密教が実践されている中国に行くことが不可欠であると実感したのである。密教を会得するには、どうしても唐に渡らねばならないことを、空海自身がこのとき自覚したのである。重ねて言うが、『大日経』は探し出したものの、「内容は難解であり理解しがたいにも関わらず、それを誰かに尋ねようにも教えてくれる人が日本にいなかった」、ということである。

『大日経』は第一章の「住心品（じゅうしんぼん）」で、密教のとらえた悟りの世界を教理的に示している。そして第二章の「具縁品（ぐえんぼん）」以下からは、悟りを獲得するための密教独自の修行方法が示されている。空海が戸惑ったのは、「具縁品」以下に説かれている密教の修行法、すなわち曼荼羅行（まんだらぎょう）の記述である。

空海の能力からすれば、「住心品」の内容は、密教の教えが論理的に記された箇所であるので、ここは十分な理解ができたであろう。しかし「具縁品」以下は、「如何にしたら一切智々（いっさいちち）を獲得できるか」という視点から、曼荼羅の観想などの密教の行法が説かれている箇所である。仏・菩薩などの尊名を次々に説示するだけでは、それが何を意味しているかは密教に通達し宗教体験をなした阿闍梨（あじゃり）の指導がなければ理解は不可能である。その領域は山岳密教の世界を遥かに超えており、残念なことに当時の日本には誰もその世界を知り得た人はいなかったのである。空海の入唐の動機を、ここにあるとするのが多くの人の見解である。

この他、もう少し具体的に目的を絞り、たとえば「空海の入唐は灌頂（かんじょう）を受けるため」「曼荼羅や密教法具の獲得のため」という説を唱える人もいる。

もちろんこれらの考えは、決して見当違いでも間違いでもない。しかし入唐の決意は、空海だけの個人的な思いのみだったとは思えない、と私は思う。なぜなら日本に体系的な密教を請来したいと願っていた人は、ただ空海のみであったとする必要もないのではないか。これまでの見方は、空海個人の問題に限定しすぎているように思えてならない。空海に入唐を決意させるためには、空海の支援者の存在を考慮する必要がある。そのようなことを想定することが、空海の入唐にかかわる一連の行動の理解につながるのではなかろうか。ではそれは誰なのだろうか。私は空海の入唐の背後に、山岳密教の修行者のかかわりを思考すべきであり、彼らの思いが強く働いていると考えている。

前述したように山岳密教の修行者は神宮寺の建立など、当時の社会に大きな影響を与えた。しかしその彼らにとって最も欲しいもの、決定的にそれが不足していたのであり、しかもそれは当時の山岳密教者のレベルでは解決できるものではなかった。

つまり奈良仏教のように、華厳学・法相学・三論学・律学などのような確立した教学が、山岳密教には未だなかったことである。密教が呪法を駆使し社会に大きな影響を与えたとしても、奈良仏教の教学に匹敵する理論に欠けていたのでは、質的に奈良仏教を超えることは不可能である。

教学がなければ単に現世利益のために呪法を行うだけの価値しか認められないのであって、そうされないために何としても彼らに匹敵する内容を持つ「体系的密教教学」が欲しかったのである。その役割を、同じ山岳修行者の仲間である空海に託したことは十分考えられる。

●入唐の原因を巡って

空海の入唐の原因を探る鍵となる文献の一つに『御請来目録』がある。この著作は空海が、恵果阿闍梨から密教の正系を授かった経緯や、空海が日本に持ち帰った経論・仏像・曼荼羅などの全てを記した目録である。本書は空海が正統な真言僧となって、はじめて著わしたものである。そこには「闕期の罪」、すなわち「二十年の留学生として入唐したのにかかわらず、わずか二年程度で帰朝した罪は、死して余りある」としながらも、持ち帰った文物は得がたい貴重なものであることを述べている。最澄はいち早く空海の『御請来目録』を手にし、そこに記された豊富な文物の一覧を見て、これらの価値を一番理解した人物である。

『御請来目録』には唐から持ち帰った成果が、きら星の如く書き連ねられている。若き空海が得た密教の全てが充満している文献資料であり、空海の思いが一杯に詰め込まれている。それだけにこの書のなかに空海の入唐の思いを探り得る内面を、読み取ることができるような思いがする。まずは『御請来目録』を見てみよう。

西明寺の志明・談勝法師等五六人と同じく往いて和尚（＝恵果阿闍梨）に見ゆ。和尚たちまちに見て笑を含み、喜歓して告げていわく〈我れ汝が来ることを知りて相待つこと久し。今日相見ること大いに好し、大いに好し。報命つきなんと欲すれども、付法に人なし。必ず須らく速かに香花を弁じて灌頂壇に入るべし〉と。

「我れ汝が来ることを知りて、相待つこと久し」という文言は、空海が来ることを知っていたからこそ発せられた言葉である。空海が青龍寺を訪れるという情報は、早くから恵果に伝えられていたと考えるべきであろう。しかしそれは遣唐使船によるものではないだろう。なぜなら日本は遠隔地であることから、毎年の朝貢はなくてもよいと唐から許されていたことから、朝貢の実際は「遣唐使船二十年一来」という言葉にあるように、十数年から二十数年に一度くらいの派遣であった。当然ながら中国との継続的な交流は公的な遣唐使船によるものではない。つまり民間レベルのかかわりが強く、実際には韓半島からの渡来人が深く関与していたのである。空海が入唐するという情報は、彼らが関与していると考えるほうが妥当であろう。『御請来目録』は、さらに次のように記している。

今すなわち授法の在るあり、経像功畢(おわ)んぬ。早く郷国に帰って国家に奉り、天下に流布して蒼生(そうせい)の福(さいわい)を増せ。しかればすなわち四海泰(やす)く、万人楽しまん。これすなわち仏恩を報じ、師恩を報ず。国のためには忠なり。家においては孝なり。義明供奉(ぎみょうぐぶ)は此処(ここ)にして伝えん。汝はそれ行きてこれを東国に伝えよ。努力や努力や。

この「早く郷国に帰って国家に奉り」という文面は、日本で空海の帰朝を待ち焦がれている人々がいることを、恵果が空海の立場が分かっていなければいえない言葉である。その空海の立場を知っていたからこそ、急ぎ灌頂を授けたのである。もちろん、「我と汝と久しく契約ありて、誓って密蔵を弘む。我れ東国に生まれて必ず弟子とならん」という『御請来目録』の言葉は、空海の持っている素養を見抜き、日本に帰ってからの空海の活躍を確信していたのであろう。

まだ分からないことがある。それは空海がなぜ遣唐使船に乗れたかという経緯である。確かに「桓武天皇のおはからいで大唐に渡ることができた」、と空海自身が後年に述べているが、誰が桓武天皇にこのような進言をしたのかについては未だに明確になってはいない。最澄に比べれば、当時の空海は全くの無名な人物であり、有力者の誰かが仲介しなければ絶対に渡航は叶わないことは自明のことである。宮坂宥勝博士は「空海の政治的パトロンは阿刀大足（あとのおおたり）と佐伯今毛人（さえきいまえみし）」と述べている。しかしその真偽はともかくとして、有力な人脈と膨大な渡航費用や曼荼羅・仏像・法具などの購入費用は、有力な支援者があって、はじめてなしうることであることは言うまでもない。

空海にとって入唐に関わる人脈と経済的支援は、いったいどのようにして得たのであろうか。私はここに八幡神の存在を無視することはできない、と思っている。先に述べた和気清麻呂の道鏡事件の託宣にあったように、高雄山神護寺は八幡神とかかわりが深い。この寺は和気氏が建立した寺であり、八幡神との関係はとみに親密である。また清麻呂の長男である和気弘世は、清麻呂の姉である広虫（ひろむし）（法均尼（ほうきんに））の三回忌に、最澄を神護寺に招請し法華会（ほっけえ）を行っている。空海が最初に晋住（しんじゅう）した寺が最澄も関係していたことは、単なる偶然であろうか。

空海が闕期の罪をなしても帰朝したのは、『御請来目録』にあるように、唐で手に入れた膨大な文物を一刻も早く日本に持ち帰りたかったこともあろう。しかしそれとともに空海を送り出した山岳密教者の期待に応えること、すなわち体系的な密教を日本に伝えることであり、日本で密教教学の構築をなしとげる想いがあったと考えたい。

第三篇

空海密教と曼荼羅的思考

●密教と鎌倉新仏教

これまで述べてきたように、空海が打ち立てた密教は平安時代の人々の心に深く浸透し、それが日本人の精神世界の基盤となっていった。密教が流布し定着していくなかで、時代は律令国家から武士の政権へと大きく変動し、新たに鎌倉時代が幕開けした。平安から鎌倉へと政権の変化に応ずるが如く、仏教界にも新たな動きが勃興してくる。言うまでもなく「鎌倉新仏教の台頭」である。言うまでもないが、法然の浄土宗・栄西の臨済宗・道元の曹洞宗・日蓮の日蓮宗・親鸞の浄土真宗・一遍の時宗などがそれである。きら星の如く次々に現れた新進気鋭の新リーダーは、それぞれに独自の思想を掲げ積極的に仏教運動を展開し、新たな信仰の流れを作り日本をリードしていくことになる。

これら鎌倉新仏教が大きな力を持ち、社会の人々にさまざまな影響を与えたことは、今日の仏教界の姿から類推しても明らかである。このように新仏教の展開が社会に大きな影響を与えたことは疑いのない事実であるが、だからといって新仏教の興隆によって「密教が衰退し力を失った」、ということにはならない。現在の歴史書などの記載を見ると、新仏教の台頭は旧仏教に取って代わった印象を与えている。しかし実際はどうなのだろうか。果たして真言宗や天台宗などの旧仏教は、社会に対する影響力が失われてしまったのだろうか。

確かに法然などの新進気鋭の僧侶たちの活躍は「時代の変化に巧みに対応し、人々の思いを的確にとらえ、彼らの心に新たな息吹をもたらした」といえる。とはいえ、実際に新仏教が新仏教としての力を存分に見せるに至るまでには、すなわち多くの人々に受け入れられ浸透するに至るまでにはもう少し時間が必要であった。具体的には鎌倉時代中期以降まで待たなくてはならないのである。

鎌倉新仏教が誕生したことで密教が衰退したというとらえ方は、あまりにも短絡的な認識と見るべきである。こういった一方的な見方では、日本の精神文化の全体は語ることは難しい。なぜなら密教は衰退したのではなく、現実はむしろ神信仰を抱き込むことでその勢力はさらに拡大していった、と考えるべきだからである。たとえば一つの川が多くの支流を集め大河となるように、密教という川に多種多様な神信仰という流れが合流し、神仏習合という大河を形成していったのである。前述した「神身離脱」の動きは、その後に展開する神仏習合のはじまりなのである。

組織的な思想を持つ密教に対して、鎌倉新仏教はそれぞれの目的を明確に掲げ、おのおのが専門特化した運動を展開したといえる。たとえば法然が南無阿弥陀仏を選択したように、栄西や道元が禅を中心に据えたように、日蓮がお題目を強調したように、自分が選択した道を信念を持って推し進めたのである。しかし専門性を重視したといっても彼らは決して密教を否定して、新たな実践活動を展開したのではない。

むしろ鎌倉新仏教は、曼荼羅にある様々な要素を鑑みた上で、密教という大きな流れを応用し、そのうえで運河のような明確な目的を持った流れを造ったといえるのではないだろうか。もちろんここで言う密教は、現代の真言宗といった宗派的な狭義の意味ではなく、密教が持つ総合的な思想そのものである。

●本地と垂迹

密教と神の関係性を探るためには、広く言えば日本文化を知るためには「本地垂迹説」を念頭に置くことが大前提である。なぜなら本地垂迹思想こそが、日本文化解明の鍵となるからである。ではその本地垂迹とは如何なるものなのであろうか。

本地垂迹の本地とは本源を意味する言葉で、言い換えれば根本的な存在とか理念にあたる概念といえよう。それに対し垂迹とは、迹を垂れるという意味で、たとえれば本地の具体的な働きを担う神仏の存在である。本地の解釈には種々あるが、仏教では宇宙の真理そのものである存在を法身と称し、これを本地法身といった。そして密教における究極の存在である大日如来、これを本地法身と位置づけることができる。また仏教における本・迹の用例をみると、後秦の僧肇が『注維摩詰経』で用いているが、それがはじめといわれている。その中で「本・迹」の言葉について僧肇は、「本」を菩薩の不可思議なる解脱ととらえ、「迹」を菩薩が衆生を教化するために現れた方便、という意味で使用したのである。

このように本地と垂迹は、「根本理念と現象存在」「悟りと方便」といったように、本質とその具体的な働きといった関係でとらえられている。日本ではこのような本地垂迹思想を仏と神との関係において依用するのであるが、その相関関係を論理化するために用いたのが「曼荼羅理論」なのである。たとえば胎蔵曼荼羅では、中央の大日如来が本地であり、他の仏・菩薩・明王・神などの諸尊が垂迹と見ることができる。つまり曼荼羅に描かれる大日如来と諸尊の関係を、日本の神々との関係に置き換えたのである。このような曼荼羅理論をかざして、密教は積極的に神々の世界に接近し相互の連携を深めていったのである。こうした密教の働きかけは、神身離脱などの動きを現実化し、次第に神の領域に及び、神との関係を深めていった。その影響力は急速に勢いを増し浸透し、ついには神の最大の聖地である伊勢大神宮にまで及んでいったのである。

●『沙石集』が語る伊勢の状況

密教と日本の神々との関係は、時代を経るに伴い深くなり、もはや分離できない状態となっていった。伊勢を例にあげてみよう。現在の伊勢神宮は日本の神のメッカであり、現代の多くの人はここに仏教の匂いすら感ずることはない。すなわち仏教とは何の関係もないという認識を持っているのだが、しかし歴史的に見ればそうではない。

たとえば『沙石集』を紐解くと、そこには神信仰と密教とが不即不離の関係となっていることが、具体的に語られている。その『沙石集』は無住という僧侶が編纂した説話集である。この説話集がまとめられた時期は、起稿した弘安二年（一二七九年）と脱稿した弘安六年の二年の間、すなわち鎌倉時代に書かれたことが報告されている。その『沙石集』第一の冒頭の「太（大）神宮御事」を見ると、そこには伊勢神宮の当時の状況が生々しく記されているのである。

すなわち『沙石集』には、弘長年中（一二六一～一二六四年）に「無住という僧が伊勢大神宮に詣でたときに伊勢の社官に聞いた話」、という設定で語られている。その無住は、日本の神祇信仰の最大最高の聖地である伊勢に密教が浸透していたことを既に知っていた。しかし密教化していたにもかかわらず、伊勢では密教を表面にはたてようとせず、むしろ隠していたのである。無住はその行動を訝しく思い、社官にその理由を尋ねたのである。その問いに応えて社官は、「伊勢に密教が深く浸透しているにも関わらず、仏法僧の三宝帰依を表立って言わず、また社僧が社殿近くに寄らないことには深い訳がある」、といい次のような返答をしたのである。

昔この国がまだ無かったとき、大海の底に大日の印文を発見した太神宮（アマテラス）は鉾を下ろし探った。探り上げた鉾の滴りが露の如くになって国土が作られそうになった。それを遥か遠くから察知した第六欲天主である魔王が、「この滴りが国土となれば仏法が流布し、人々は人倫を守り解脱を目指すようになる」と思い六欲天から下ってきた。太神宮は魔王に会い「私は三宝の名も口に出さず、自分の身にも近づけない。それを約束するので、安心してかえってください」といったので、魔王は引きかえした。

伊勢神宮は、伊勢ではこのようなアマテラスと魔王との約束を遵守せざるを得ない状況におかれている。従って僧侶は神殿に近づかないし、普段から経典を持ち歩く事もせず、少なくとも表面上は仏教を避けているように振る舞わなくてはならない。しかし内実はアマテラス自身が大日如来の垂迹であることは疑いが無く、それ故実際は深く三宝に帰依しているのである。

『沙石集』はさらに次のように記している。

> 都ては大海の底の大日の印文より事起こりて、内宮外宮は両部の大日とこそ習い伝えて侍べる。天の岩戸というは都率天なり。高天原ともいうなり。神の代の事、皆由あるにこそ。心音の意には、都率をば内証の法界・密厳国とこそ申すなれ。彼の内証の都を出で、日域迹を垂れ給う。故に内宮は胎蔵の大日、四重曼荼羅をかたどりて、玉垣・瑞籬・あら垣など重々なり。鰹木も九あり。胎蔵の九尊を象る。外宮は金剛界の大日、或いは阿弥陀とも習い侍るなり。金剛界の五智に象るには月輪の五あり。胎金両部陰陽に象る時、陰は女、陽は男なる故に、胎には八葉に象りて、八人女とて八人あり。金は五智男に官どりて五人の神楽人といえるこの故なり。

伊勢神宮は神の最大の聖地であり、それ故『日本書紀』などの神話を堅守し、神の立場を揺るがすわけにはいかない立場にある。しかし伊勢における密教化の流れは如何ともしがたく、その勢いに歯止めがきかないというのが実際であり現実の姿であった。逆な見方をすれば、密教が神祇信仰の本山である伊勢を取り込むためには、伊勢神の立場を容認する必要があり、内実は密教化されていても少なくとも表面上は神信仰を尊重しなくてはならなかったのである。いずれにせよ密教の力は大きく、伊勢のアマテラスをはじめとする神々においては、大日如来が本源であるとの考えは認めざるを得なかったのである。つまるところ『沙石集』にあるような密教神話がつくられたのである。そしてその神話は、繰り返すようであるが胎蔵・金剛界の両部曼荼羅思想が下敷となっているのである。

●魔王の存在と密教

具体的には『沙石集』に六欲天魔王の話が持ち出されていること、すなわち神信仰に関係のないはずの魔王の登場にも密教とのかかわりの強さが感じられる。さらには神社に造られている、垣根である玉垣・瑞籬・あら垣など、あるいは本殿の棟木（むなぎ）の上の鰹節（かつおぶし）に似た相承（そうじょう）の木である鰹木なども、曼荼羅の構造にあわせるなど具体的な建造物にも見ることができる。

以上のような視点から『沙石集』の記述を見ると、神との関係を曼荼羅思想をもとにしていることが明瞭に分かる。たとえば胎蔵曼荼羅は三重構造で構築されているのであるが、その曼荼羅の一番外側に位置する第三重の最外院には、様々な神々が描かれている。曼荼羅に描かれる諸々の神は仏教を守護する役割を持っているが、本来はヒンドゥーの神々とその関係のもので占められている。つまり『大日経』などの密教経典は、最初から「神仏習合の考えをもっている」のである。逆に神とのかかわりがあってこそ密教がある、と言い換えても間違いではない。

密教と神とが密接な関係にあることは、『大日経疏』巻第四「入曼荼羅具縁真言門」に説示されている。まずはその内容をかいつまんで紹介しておこう。ここでは『沙石集』と同じように、「魔王の障害を如何に断つか」、が話の中心となっている。すなわち釈尊がまさに成道を果たそうとするとき、魔王波旬がそれを聞きつけた。釈尊が悟りを得てしまったならば自分は不利益を被るので、魔王としては何としてもそれを避けねばならない。そこで釈尊の成道を妨害するため、魔王はあらゆる手だてを駆使したのである。たとえば美女を幻作し誘惑し釈尊の心を惑わそうとし、あるいは軍隊を幻出し脅しをかけたりなど、様々な妨害策を行使し悟りを成就させまいとしたのである。しかしそのような魔王の妨害工作に対しても、釈尊は心を微動たりとも揺るがせることはなく、わずかなたじろぎさえも見せなかった。手段が尽きた魔王の残された可能性は、自らが直談判すること以外はなかったのである。『大日経』の「具縁品」では、そのいきさつをさらに次のように説示しているのである。

魔王は釈尊の悟りを妨害するべく、釈尊の眼前に姿を現した。その魔王に対し釈尊は次のように述べた。「汝は先世に無尽の布施をなした功徳で今の自在天主という地位を得た。しかし私は、無量劫に亘って大施をなしたことで今がある。あなたとは比較にならないのに、なのになぜ優劣を競おうとするのか」といった。その言葉を聞いた魔王は勝ち誇って言った。「私の福業についてはあなたが証明した。しかしあなたの福業は私は認めない。自分が言っただけであって、誰があなたの悟りを証明するのか。もしそれができなければあなたは負処に堕ちるであろう」と反駁したのである。その時釈尊は「私がこの地で菩薩道を行じて難行苦行を実践してきた事実は、地神の証知するところである」、といい右手を地に着けた。その途端に地神が湧出し釈尊の成道を証明したので、魔王はついに退散したのである。

魔王と釈尊の問答の場面は、何の意味もなく挿入されているのではない。この問答で言わんとしていることは、「釈尊の悟りの証明は、神の存在があってはじめてなされる」、という設定となっていることである。悟りそれ自体は釈尊の深い瞑想のなかの宗教体験であり、まさに釈尊自身の心相の問題である。当然のことながら悟りの内実は、誰も垣間見ることすらできない。それ故、「悟りを得た」と宣言すること自体は、穿ったいいかたをすれば誰でもいえる台詞である。自ら悟ったという釈尊の言葉だけでは、それが真実であるか否かの客観性はない。それ故、釈尊の悟りが普遍的な真実であると証明する有力な存在者の言葉が必要なのである。

この釈尊の悟りを真実と認め、支援したのが地神である。ここに地神が加わったことは、神の存在なしに密教は存在しえないことを示唆している。地の神とは、実際にはその地域に住む人々の信仰する神といってよい。日本で言えば、津々浦々に存在する八百万の神といったところであろう。密教の特徴は、純粋な仏教教理のみの論理だけを用いるだけではなく、人々が現実により所としている神信仰をも包含したところにある。換言すれば、密教は最初から異教を包含する基盤から出発しているのである。そのことは曼荼羅上にも描写され、仏・菩薩・明王・神々といった様々な要素を組織的に組み合わされていることからも知ることができるのである。

●本地垂迹説と密教

『沙石集』の説話に象徴されるように、伊勢における密教化、すなわち神仏習合・神仏和合の思想は時を追って進展し、大きな流れを造りついには両部神道説をも生みだすことになる。もとより仏教から積極的に神祇信仰を包含するのであるが、神仏の関係を教理的に示したものが本地垂迹説である。つまり本地垂迹説は、記紀で語られる神々の神話を仏教の論理をもって説明しようとしたものなのである。何度も申し上げているが、本地垂迹説を正当化するための理論的背景は、間違いなく密教であり、具体的には曼荼羅思想によるものである。曼荼羅思想はすべての仏教を概観勘案することができる内容を持ち、言い換えれば個々の専門的な視点ではなく総合的な視野にたった世界観を有している。密教の世界を現した金剛界・胎蔵の両部曼荼羅は、仏教のみならず異教をも包含する、極めて総合的組織的な教理体系を示す内容を有している。前述したように両部曼荼羅に描かれる異教はインドのヒンドゥーの神々であるが、密教はその成立時からインドの神々との習合を前提としていたのである。

曼荼羅と神とのつながりの具体例は後述するとして、まずは本地垂迹説について考えてみよう。本地垂迹説の根源については、既に論じてきた「神身離脱」「神宮寺の建立」の動きと深く関係することは明らかである。というより、これらの問題を考慮せずに本地垂迹説を語ることは不可能と言ってよい。だからと言って、本地垂迹説と神仏習合は全く同じではない、そのことも認識しておかねばならない。なぜなら神仏混淆の実際が教理的に論理化され、はじめて本地垂迹説となるからである。つまり本地身と垂迹身という関係性が、教理的に明瞭に示されなければ本地垂迹説とはならないのである。それに対し神仏習合の状態だけでは単に両者が結びつき共存しているだけで、それ以上のことにはならないのである。そうは言いながらも、本地垂迹説の根源は、神身離脱などの神仏習合の動きに端を発したことは事実である。そして本地垂迹説に展開する直接の原因となった神身離脱などの現象を生み出した土壌は、もっと以前、つまり仏教伝来のときに既に存在していたと考えるべきであろう。

もう一つ加えておきたいことは、働きかける主体の問題である。すなわち本地垂迹の動きは、仏教側から神に近づき働きかけたところにある。前述した『多度神宮寺資材帳（たどじんぐうじしざいちょう）』に記載された「神の身を捨て三宝に帰依する」という「神身離脱」の言葉からすれば、この時点では神の側から仏に働きかけたことが発端といえる。すなわち神の助けを求める声に乗じて、仏教が素早く反応したのである。しかし本地垂迹説はこれとは違い、仏が神を取り込もうとしたもので、いわば仏教側から神への積極的な働きかけといえる。つまり本地垂迹説は、神々を仏の化身と位置づけ、いわば神は仏の分身としての働きを担うものとして、仏が姿を変えて神として顕現（けんげん）したものと考えたのである。このような本地垂迹の動きは、まさに漠然とした情況ではあるが、十世紀のころから現れてきたといわれている。そして時を経るとともにさらに進展し、十一世紀半ばあたりになると、かなり具体化されるようになってきたのである。

さらにこのような動きは神と仏の世界のみにあっただけでなく、信仰を持つ一般社会の人々にも浸透していったのである。この本地垂迹思想の動きが広く人々に影響を与えたことは、次に引用した後白河法皇（ごしらかわほうおう）の編として名高い今様（いまよう）歌謡の集成である『梁塵秘抄（りょうじんひしょう）』に見てとることができる。

仏は様々にいませども、実（まこと）は一仏なりとかや、薬師も釈迦弥勒も、さながら大日とこそ聞け

このように平安末期には大日如来が如来の中の如来であり、薬師などの如来の本地であるという理解が社会認識とされていたことが分かる。まさにこれは密教的な論理であり、密教の思想がこの時代を覆（おお）っていたことは明確なのである。

●密教化の進展

このような神信仰の密教化の動きは、本地垂迹の思想を柱に室町時代に至るまで、人々の心に着実に浸透し生活に密着していく。そしてこの動きは、明治になって発布された「神仏分離令」によって、神社と寺が政治的に分離解体させられるまで続いてゆく。すなわち鎌倉時代から室町

時代のころになると、全国の主立った神社は、それぞれの必要にかなった形で記紀の神話を密教化し、本地垂迹思想を進展させていったのである。それは神宮寺に限るものではなく、神信仰全般に亘るものである。具体的には密教思想を以て、神々の神話を作り替えていったのである。こういった動きの中で、密教思想による神仏連携の動きが日本全体に浸透し、日本人の精神文化の基盤をつくっていったのである。たとえば空海に仮託され、実際には伊勢の神官が書いたとされる『天地霊気記』は、曼荼羅の諸尊と神々を本地垂迹として結びつけた具体例の一つである。

前述したアマテラスは大日如来の垂迹としたように、他の神々もこぞって本地仏を持つようになる。たとえば熊野では、次のように本地仏を定めている。

【本地】	【垂迹】
阿弥陀仏	三所の丞相（本社）
千手観音	両所（那智）
薬師如来	中宮（速玉）
十一面観音	若宮

本地があり垂迹があるという思考は、神仏習合の考え方を支持するものにとっては格好な論理であった。本体は理念としてあり、垂迹身こそが現実に人々に接する存在である。この論理をもってすれば、それまで持っていた神への信仰を捨てることなくそのままでよいのであるから、人々にとって何の不利益も生じないので、大きな抵抗は起きようはずがない。なぜなら現実に生きる人々にとっては、本地垂迹の論理より除災招福などの個々の願いをかなえてくれる垂迹身こそが大切だからなのである。

前述したように曼荼羅だけに絞(しぼ)って本地垂迹を考えれば、大日如来のみが本地となり、他の曼荼羅諸尊はすべて大日如来の垂迹となる。しかし現実に神々が本地を定めるときには、曼荼羅の諸尊が本地となる。つまり大日如来以外の仏・菩薩が本地に据(す)えられ、そのもとに神々が垂迹となるという論理である。この論理だてをさらに合理化する具体的な説明として、密教の「三輪身(さんりんじん)説(せつ)」が用いられている。なお「輪」とは煩悩を摧破(さいは)する武器のことである。

三輪身説とは、「衆生救済の実践活動を行うために、悟りの世界にいる仏が菩薩や明王などの姿をとって現れたもの」とするもので、密教独自の考えである。三種のそれぞれは密教の儀軌(ぎき)類に示されているが、そこには三輪身としてまとめた記述はなく、日本の密教が生み出した考え方といえる。

衆生救済のための理念や働きを、三種の異なった尊格で表現するので「三輪身」というのである。その三輪身とは、自性輪身、正法輪身、教令輪身の三種である。自性輪身とは仏の悟りの境界を人格的に示したもので、大日如来をはじめとする如来がこれに当たる。正法輪身は、菩薩が正法をもって衆生救済を実践する姿であり、般若菩薩などの菩薩がこれに当たっている。教令輪身は教えを拒むものにも積極的に法を説く働きであり、不動明王などの明王がこれにあたる。言い換えれば、自性輪身は如来であるから、悟りの理法そのものである。正法輪身は理法にそった教理の働きであり、理想の菩薩の姿で示される。そして教令輪身は、教えが現実世界で実践される実際を示したものである。これを五仏・五菩薩・五明王の三つの姿にあてたのが次の図表である。

【自性輪身】	【正法輪身】	【教令輪身】
大日如来	般若菩薩	不動明王
阿閦如来	金剛菩薩	降三世明王
宝生如来	金剛蔵菩薩	軍荼利明王
阿弥陀如来	文殊菩薩	大威徳明王

不空成就如来――金剛牙菩薩――金剛夜叉明王

●仏教の展開と密教の位置

密教が大乗仏教を単に継承するものではなく、独自な旗標を掲げ新たな運動を展開したとすれば、転法輪の意義と関連させて考察する必要がある。もとより仏教の展開は釈尊の初転法輪を端緒とし、釈尊の入滅後は弟子たちがその教えを継承発展させ第二・第三の転法輪を行っていく。釈尊の説法にはじまる教法が拡大し、そして深化していくための極めて重要な営みがそうした転法輪の受け継ぎと積み重ねであったわけである。

実際、釈尊三十五歳の成道における初転法輪から八十歳の涅槃における最後遺教の教誡に至るまで、釈尊の遊行伝道の生涯は転法輪のたゆまない継続であった。そのような釈尊仏教の真摯な営みに倣い従うが如く、大乗仏教から密教へという新しい仏教の展開の中で仏教の教法を広く大きく教え説く転法輪の積み重ねがあったものと私は考えている。

釈尊の初転法輪は、まずは仏弟子である声聞によって継承された。彼ら声聞が釈尊の教えを継承し転法輪を維持するために行った最初の仕事は、経蔵の編纂である。具体的には釈尊の教えを『阿含経（あごんぎょう）』としてまとめ、これを教えが正しく継承するための基盤と定めた。そして編纂した経の内容が誤った解釈がなされないように、次に論蔵（ろんぞう）を制作した。これが後にアビダルマ教学と称される哲学である。さらに教えを実際に実践する僧侶が道を違えず、よりよい環境で修行するための教団の規則などをまとめた律蔵（りつぞう）を制定した。これらの三蔵の形成が、初転法輪の意義を示しているといえよう。声聞の行ったこれらの行動はいわば仏教の基盤造りであり、後の仏教に不可欠な仏教教理の構築を成果として残したのである。

初転法輪の次に大きく法輪を転じ変革をもたらしたものが、大乗（だいじょう）仏教の興起である。たとえば『大品般若経（だいぼんはんにゃきょう）』無作品（むさほん）第四十三には、諸天子が仏に華を散じ「我れら閻浮提（えんぶだい）において第二の法輪転を見る」（大正八・三一一・中）との記述がある。まさにここに般若経徒たちの、釈尊に代わり転法輪を実践する強い姿勢と自覚が示されている。すなわち般若経が第二の転法輪といわれる由縁がここにある。彼らは般若経をはじめとする大乗経典を編纂し、声聞に代わって菩薩を登場させ、彼らを大乗仏教推進の担い手とした。菩薩が大乗仏教運動を展開することで、声聞を代表とする仏弟子たちのありかたを反省し、大きく方向転換を行ったのである。すなわち菩薩は阿羅（あら）漢（かん）果を目指す僧院仏教中心のあり方から社会に目を転じ、衆生救済という利他行の仏教へと変化発展させたのである。

　また第三の転法輪については、これまでは三時の教判をそれであるとしていた。それはその根拠を『解深密経』巻第二・無自性相品第五の記述においたものである。無自性相品においては「世尊は今三時の中において、普く一切乗に発趣する者のために、一切法皆無自性・無生無滅・本来寂静・自性涅槃・無自性性により、顕了の相をもって正法輪を転ず」（大正十六・六九七・中）と説示されている。この記述を典拠とし、さらにこれを三時の教判と称し『解深密経』を第三の転法輪としたのである。そしてこの記述をもとに、真諦や玄奘は「釈尊による初時を転法輪」、「般若経の二時を照法輪」そして「『解深密経』の三時を持法輪」とする三法輪の説をたてたのである。さらにこの『解深密経』による転法輪は、般若経の第二の転法輪を継承し加上したものであるとする。この玄奘等の説に従えば、この後興起した密教は第四の転法輪に相当すると捉えることができよう。

　このように転法輪として位置づけられることは、それなりの理由と根拠があると見なくてはならない。すなわち般若経が第二に転法輪と見なされた背後には、まさに般若経こそが大乗仏教の転法輪であるとの新たな認識がなされたのであり、般若経自身も大乗仏教の転法輪をなすという自覚があったことを読みとることができる。般若経が大乗仏教の転法輪と自他ともに位置づけられたことは、極めて重要な意義を持つのである。

次に初期仏教と大乗仏教（般若経）、そして密教が掲げた転法輪の条件とその相違を示しておきたい。

	【根源】	【教主】	【実践者】	【経典】	【実践行】
＊初期仏教	甚深法（じんじん）	釈尊	声聞	『阿含経』	四向四果（しこうしか）
＊大乗仏教	深般若（じん）	須菩提	菩薩	『般若経』	菩薩行
＊密教	秘密	大日如来	金剛菩薩	『大日経』	即身成仏行（そくしんじょうぶつ）

●密教の転法輪

さて前述した如く、単純に順位次第を定めれば密教は第二・第三に続く第四転法輪という認識になるが、しかし大乗仏教の転法輪という意味を考え、さらに般若経の転法輪を順番ではなく質的な意味から考えて見ると、密教こそが第三の転法輪であると位置づけることが可能となる。すなわち般若経の転法輪は、それまでの部派アビダルマ仏教とは別な視点から仏教をとらえ、これを運動として積極的に展開した新たな意味を持つといえよう。そのように考えると、密教も般若経の登場のように、新たな問題意識を持った姿勢を有したものと捉えることができる。それ故、私はあえて「密教を第三の転法輪」と位置づけたのである。言い換えれば般若思想と密教思想が対峙する視点の相違を明確にすることによって、大乗仏教と密教の特色がより鮮明となると考えたのである。

あえてこのような見解を述べたことについては、少し説明を加えておきたい。基本的には玄奘などによって三法輪の説が立てられた時代には、まだ教理が確立した密教が十分意識されていなかったはずである。それに対し密教を加えた仏教史を概観できる現在においては、もう一度転法輪の意味をとらえ直してもよいのではないか、と考えたことによる。

このような認識を踏まえて『解深密経』を見ると、これは経典とは称してはいるが『瑜伽師地論（ゆがしじろん）』の第七五から第七八に『解深密経』の全文が挿入されているように、経典というより大乗仏教の論書という性格が強く、内容的にも新たな転法輪としてではなく、素直に大乗仏教の延長線上に位置するものと捉えたほうがよいと考えられる。すなわち般若経に代表される初期大乗仏教の転法輪が新たな経典を旗標とし、それにもとづく仏教運動を展開したという視点に立てば、『大日経』『金剛頂経』といった新たな経典を提示して展開した密教のほうが第三の転法輪と呼ぶにふさわしいと考えたのである。

この密教の転法輪という意味こそが、密教出現の意義を探る上でも、また密教を正確に把握する上でも重要である。この転法輪という発想と転法輪としての共通の意識が、般若経と密教の出発点に強く自覚されていたと考えたい。と同時に、釈尊仏教の初転法輪に対する般若大乗の強い意識が密教の出現にも深く投影されて、「般若大乗の転法輪に対する密教の転法輪」という新しい仏教運動をもたらしたのではないかという考えも可能ではなかろうか。

また密教を第三の転法輪とするもう一つの理由は仏陀観（ぶっだかん）にある。般若経が甚深なる般若波羅蜜を新たな仏陀としたことにより、大乗仏教はこの仏陀を基調に展開することになる。しかし密教はそれまでの大乗仏教の仏陀観の基本は踏まえつつも、全く新たな大日如来という仏陀を創りあげ、そこに密教独自の仏身論を展開して、これを中心に据え旗標として掲げたのである。すなわち般若経の姿勢と同様に、『大日経』もまたそれまでの大乗仏教の単なる継承ではなく、甚深なる般若波羅蜜の教えを大きく受け止めて大日如来という法身を教主として、さらに新しい視点から新機軸を打ち出したのである。もとより般若経と『大日経』とは時代の差は大きく隔たっているが、転法輪という意識を持っていたという点では、共通性を有するといってよい。

●密教の視座と曼荼羅的思考

このように密教の転法輪は、第一第二の法輪を踏まえ、その上に展開されたと見ることができる。それ故密教の思想は、釈尊の教えを継承し展開してきた部派アビダルマ仏教や大乗仏教、これらのすべてを基本に据えている。言い換えれば、密教は釈尊の教えを継承しその追体験を重視する部派アビダルマ仏教の自利（じり）的なありかた、さらに釈尊の教えを社会に具現化する実践を重視した大乗仏教の利他行（りたぎょう）としての展開、その双方の主張を含んだ実践を理想とするものである。いうならば様々に展開してきた仏教のそれぞれの意義を忖度（そんたく）した上で、総合仏教の視点から新たな仏教の展開を志向したものが密教であり、教理的に見れば曼荼羅思想がそれである。

空海は釈尊にはじまる仏教の歴史展開を踏まえ、広大な仏教の転法輪の歩みとその教えの全体像を包括する考えを提示したのである。具体的には曼荼羅思想のもとに、『秘密曼荼羅十住心論（ひみつまんだらじゅうじゅうしんろん）』を著して密教の存在意義を明確にした。空海は大日如来という新たな仏陀を大きく掲げることで、これまで脈々と継続し展開してきた様々な仏教をすべて視野に入れ、その総体を見事に組織づけたのである。すなわちこれまでの小乗仏教・大乗仏教という区分ではなく、顕教（けんぎょう）と密教

胎蔵曼荼羅

このように諸尊が描かれている曼荼羅は、後述する四種曼荼羅のうち「大曼荼羅」に相当する。

（写真はいずれも染川英輔画「観蔵院曼荼羅」）

【両部曼荼羅】

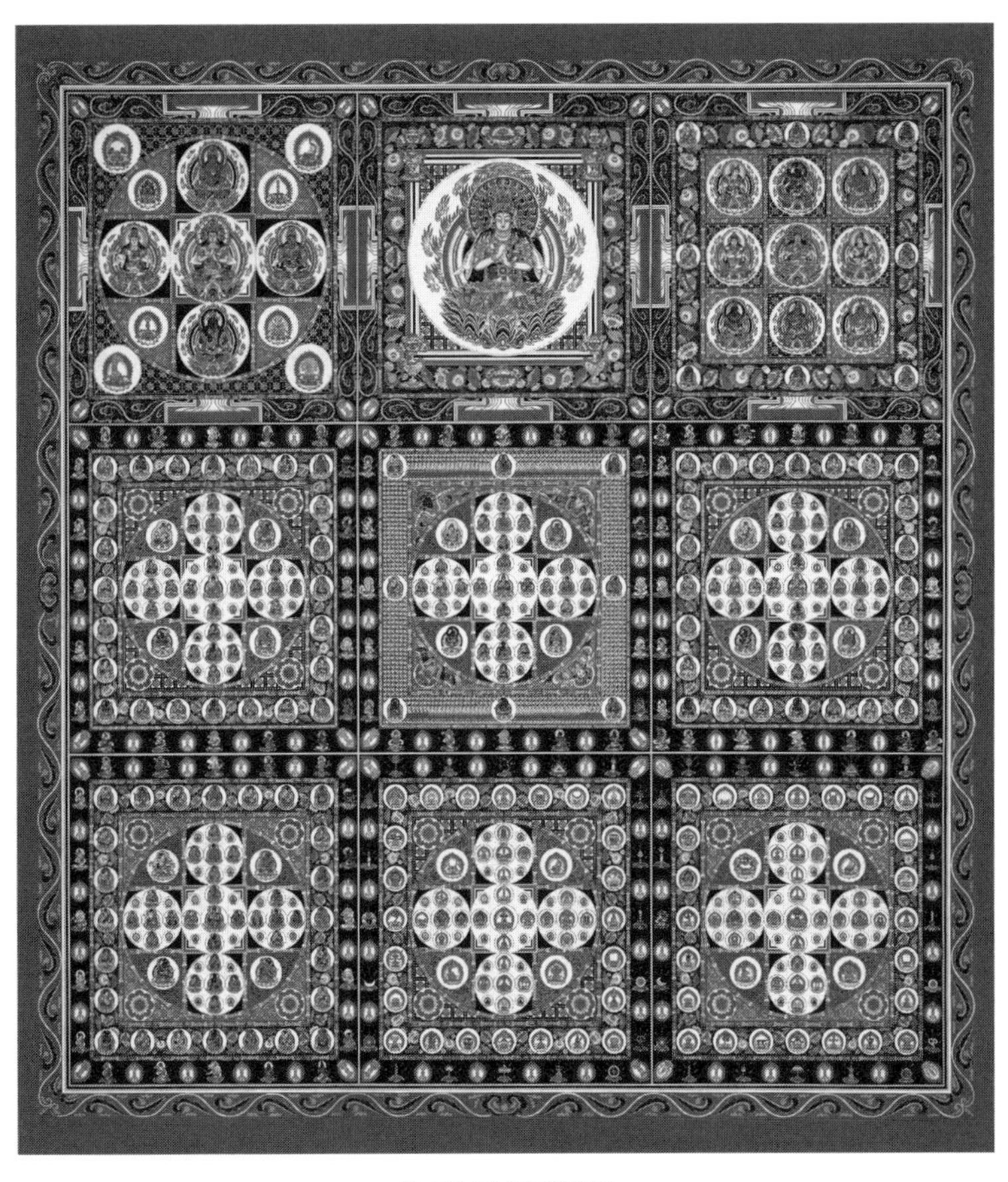

金剛界曼荼羅

と大きく分けたことで釈尊以降のすべての仏教を視野に入れただけではなく、仏教以外の諸教をも含めて再構築したのである。言い換えれば、曼荼羅思想を根幹に据えたことで、あらゆる思想を組織的に論理的に関連することが可能となったのである。その結果、空海は密教を根幹とし、仏教はもとより当時の指導的な役割をもっていた教えをすべて含めて総合的に組織化できたのである。具体的には曼荼羅的思考を用いたことで、密教を中心とした新たな教学を構築できたのである。

説一切有部（せついっさいうぶ）を代表とする部派仏教も、般若思想・華厳（けごん）思想・浄土思想・法華（ほっけ）思想あるいは唯識（ゆいしき）思想などの大乗仏教も、あるいはインドの神々の信仰も、それぞれに信仰され多くの人々を救済し導く重要な役割を推進してきたことは言うまでもない。もとよりこれらの信仰は、それぞれに人々を感化してきた豊かな教えである。しかしこれまでの仏教は、内容的には一分野に特化したしたものであり、言うならば個別的専門的であるところに特徴がある。これに対し密教は専門性を重視しながらも、全体的な視点から総合的に組織的な構想を提示するものであり、それは専門病院と総合病院といった違いにもたとえられる。空海はそれまでの仏教を概観し総合的な視点をもち、その上で曼荼羅の理論を用い、これを基盤に新たな真言教学の体系化をなしたのである。

この曼荼羅的思考を紐解くキーワードの一つが空海が提示した「顕教と密教」であり、別な言葉を借りれば「浅略説と深秘釈」と言い換えることもできる。浅略説とは文字通りの解釈のことで、経典などの教えの理論的解釈である。もう一方の深秘釈は、理論を超えた宗教体験の世界をいう。

●密教と顕教

空海は密教の特異性の何たるかを、『辨顕密二教論』『即身成仏義』『声字実相義』『吽字義』などの著作を通して、様々に視点を変えつつ一貫した姿勢で論を展開している。そして最終的には仏教と当時の諸教を総合的に把握した上で、密教の存在意義を体系的に論述したものが『秘密曼荼羅十住心論』である。空海はこの著述で「十住心思想」を提示し、密教とそれ以外の教えを顕教と位置づけることで、現実に存在する諸教を組織的に位置づけることを試みたのである。

次に示した『秘密曼荼羅十住心論』における十住心の体系がそれである。ここにおいては第一住心の異生羝羊住心から第九住心の極無自性住心までの九つの住心を顕教と位置づけ、最後の第十の秘密荘嚴住心を密教であるとした。そしてこれら十住心を大きく三つに区分けして、一から三までを「世間三箇の住心」、四・五を「小乗仏教」、六から九までを「大乗仏教」としたのである。これを図表化すれば、次頁の通りである。

十住心の体系

住心		
一、異生羝羊住心（いしょうていようじゅうしん）	世間三箇の住心	・・・三悪趣（さんあくしゅ）
二、愚童持斎住心（ぐどうじさいじゅうしん）		・・・人乗（にんじょう）
三、嬰童無畏住心（ようどうむいじゅうしん）		・・・天乗（てんじょう）
四、唯蘊無我住心（ゆいうんむがじゅうしん）	小乗仏教	・・・声聞乗（しょうもんじょう）（律（りつ）・成実（じょうじつ）・倶舎（くしゃ））
五、抜業因種住心（ばつごういんじゅじゅうしん）		・・・独覚乗（どっかくじょう）
六、他縁大乗住心（たえんだいじょうじゅうしん）	唯識学（法相宗）	・・・大乗仏教（四家（しけ）大乗）
七、覚心不生住心（かくしんふしょうじゅうしん）	般若学（三論宗）	
八、一道無為住心（いちどうむいじゅうしん）	法華学（天台宗）	
九、極無自性住心（ごくむじしょうじゅうしん）	華厳学（華厳宗）	
十、秘密荘厳住心（ひみつしょうごんじゅうしん）	密教（真言宗）	

前述したようにこれまでの仏教の見方は、部派アビダルマ（小乗仏教）と大乗仏教そして密教という区分けでとらえられていた。この見方はあくまでも仏教内部の区分に限ったものだが、空海が提示した十住心の思想は仏教以外の教えをも視野に入れている。それを可能にしたのが、顕教と密教に分類する考え方である。その発想の根源は儒教・道教・仏教の比較思想を論じた空海の『三教指帰』にすでに見られる。この書において空海は、儒教・道教・仏教を比較した上で仏教を選択したのだが、これらはすべて聖人の勝れた考えととらえ、それぞれの教えを高く評価こそすれ、決して否定することはなかった。

この十住心思想は、諸教全体を俯瞰しつつも密教を第十住心に位置づけ高い評価をしているため、密教優位を示すための諸教批判の書であると指摘する学者もいる。しかしそのような受けとめかたは、かえって空海の真意に反することになる。なぜなら批判とは批評判定することであり、『十住心論』を批判書としてしまうと、自分の主張を正しいとし他の価値を否定するだけの限定された意味となってしまうからである。

確かに『十住心論』の解釈の一つに「心品転昇論」がある。この視点から見れば、「心が次第に昇華する」という意味に理解することが可能となる。しかしそうなると心が貧しい状態から質的に昇華するという、いわば上が良く下が劣るという差別の意味合いが含まれてくる。注意しておかなくてはならないことは、『十住心論』は題名に秘密曼荼羅という語が冠せられていることである。それは曼荼羅思想を基盤として『十住心論』が論じられていることを示唆するものであり、決して優劣の差別を目的とするものではない。なぜなら曼荼羅は、すべてを大日如来の働きを尊格で示したものであり、そこに個々の働きの違いはあっても優劣の差別はないからである。

言い換えれば十住心思想は曼荼羅教理を基盤とした組織論であり、十住に示された諸教は大日如来の働きの違いを表したものである。空海が曼荼羅的発想により『十住心論』を構築したことは確実であり、それ故『十住心論』の著述の目的は、他宗や異教を批判するためではない。むしろ空海の意図は「密教こそが第三の転法輪である」とする新たな視点に立ち、密教の存在意義を伝えることにある。

●曼荼羅世界の開示

空海が『十住心論』を著述するにあたり、曼荼羅の世界を基調としていることは、この著述の文頭に掲げられた「帰敬の序」を見ればさらに明らかとなる。この帰敬の序は、『十住心論』を著述するに当たり、その全体構想の内容を簡潔に示すために空海が詠んだ偈頌である。空海の著作の一つの特徴は、序文として冒頭に偈頌を掲げ自分の思いをこめていることに見られる。極めて短い偈頌のなかに、この著に対する空海の思いが凝縮されているのである。言うまでもないがこのような手法は『即身成仏義』や『秘蔵宝鑰（ひぞうほうやく）』にも用いられている。

そこで改めて帰敬の序を見ると、偈頌の大半が曼荼羅の専門用語で占められ、説明用語を一切省いた必要最小限の語のみしか用いられていない。それ故、この偈頌をはじめて目にする人にとっては、まさに難解至極ではなかろうか。曼荼羅にかんする専門的な知識を持ち合わせていなければ、誰もこの偈頌の意味をすぐさま理解することはおぼつかない。だからと言ってこの偈頌の理解なくして『十住心論』の本文に入っても、空海の思想基盤である曼荼羅思想を把握することは不十分である。

いずれにせよこの偈頌は、密教の曼荼羅世界を凝縮し、一語一語に集約して表現していることだけは間違いなく、まさにここに空海の曼荼羅理解の骨子が示されているのである。それ故、空海の十住心思想は、「帰敬の序」の理解が大前提となる。理屈はともかく、まずはこの偈頌が如何なるものか、直接見ておくことが肝要であろう。

次頁に、「帰敬の序」の全文を掲載する。

『十住心論』の「帰敬の序」

婀・尾・羅・吽・欠の最極大祕法界體と……大日如来

舸・遮・叱・多・婆・壄の慧と……法曼荼羅

咿・汚・哩・嚧・翳の等持と……法曼荼羅

制體・幢・光・水生・貝と……胎蔵五仏の三昧耶曼荼羅

五鈷・刀・蓮・軍持等と……胎蔵四菩薩の三昧耶曼荼羅

日・旗・華・觀・天鼓の渤と……胎蔵五仏の五如来

薩・寶・法・業・内外の供と……金剛界曼荼羅十六大菩薩と八供養菩薩

揑・鑄・刻の業及び威儀との……羯磨曼荼羅

能所無礙の六丈夫……無礙渉入

是の如くの自他の四法身は……四曼相大

法然として我が三密に輪圓せり……六大四曼が行者の三密に円満

天珠の渉入して虚空に遍じ、重重無礙にして刹塵に過ぎたるに歸命す。
天の恩詔を奉りて祕義を述ぶ。群眠の自心に迷えるを驚覺し、平等に本四曼の入我我入の
莊嚴の徳を顯證せしめん。

（『定本・弘法大師全集』巻二・三頁）

●帰敬文に見る曼荼羅解釈

百聞は一見にしかずの言葉のように、いま掲げた帰敬の文言を見ただけで音写語と略語の羅列であることが分かる。この詩文を一読しただけでは、たとえ仏教を学んだ人であっても、すぐに内容を理解することは難しい。だからといって帰敬文の理解を避けて通ることはできない。密教の表現方法は曼荼羅図を見ても明らかなように、言葉での説明を避け、色や形をもちいて象徴的な姿で表すのが特徴である。曼荼羅に描かれた諸尊は、それぞれ仏の言葉・仏の誓願・仏の行為を象徴的なかたちに託して、大日如来のメッセージを表しているのである。

曼荼羅のメッセージの内容については、帰敬文を読みながらの理解が必要である。読者には煩わしく感じるかもしれないが、これより順次説明をしておきたい。

＊婀・尾・羅・吽・欠の最極大祕法界體について

帰敬文の冒頭の「婀・尾・羅・吽・欠」は、密教の究極の悟りの世界を、この五文字に集約して表現した真言である。すなわちこのアビラウンケンの真言は、胎蔵大日如来そのものを意味し、あわせてこの真言が密教の核心であることを示している。もとより大日如来は密教の究極の悟りを人格的に示したものであり、アビラウンケンの真言はそのことを言語により表現したものである。大日如来といってもアビラウンケンといっても、内実は同一である。それ故、この真言は大日如来そのものであるから、空海はこの五文字からなる真言を「最極にして大祕なる法界の體」と表現したのである。言うならばこの真言に密教の究極の悟りの世界が凝縮されている、その意味を『十住心論』を著すにあたり、空海は冒頭に示したのである。

この「婀・尾・羅・吽・欠」は、梵語の a・vi・ra・hūṃ・khaṃ の五文字を漢字で音写したものである。これらの音写された語は、それぞれ婀は地、尾は水、羅は火、吽は風、欠は空を示したもので、いわゆる物質を構成している五大（ごだい）を表している。そしてこのアビラウンケンという真言は、真言教主大日如来そのものであるから、五大といっても単なる物質存在を指すのではなく、識大（しきだい）を加えた六大（ろくだい）を意味するものと理解すべきである。文字通り解釈すれば、五大は物質であり識大は精神性と言うことができる。しかしこの場合の識は人間の精神作用のみを指すのではなく、ここに大いなる仏の意思が存在することを意味している。すなわち六大は万物を成立させる根本要素を意味するのみならず、すべてを生み出す有機的な働きを有した存在なのである。なぜなら大の原語はダーツであり、界・種・性などと漢訳されているように、単なる根本要素という意味を超えた本質を指すからである。

空海が六大論を用い、これを「体」とし密教の核心と位置づけたのは、これまで仏教教理の根幹とした色・受・想・行・識の五蘊論では説明しきれないもの、新たな視点を持っていることを表している。つまり六大論は五蘊論では言い尽くしきれないものを説明するために用いられた、と考えることができる。空海はそのことを踏まえて「色・受・想・行・識」に代えて、「婀・尾・羅・吽・欠」に「識」（心）を加えた六大論を掲げたと言うことができる。

空海はこの六大論を『即身成仏義』の「六大無碍にして常に瑜伽なり」としているように、六大論が密教教学の基盤思想であることを明言している。言い換えれば森羅万象の現象世界のすべてのありようが、六大論で説明され得るのである。つまり物も人も神も仏などのありとあらゆる現象はすべて六大所成であり、大日如来の意思で融通無碍に結びつきあって存在している、とするのである。

＊舸(カ)・遮(シャ)・吒(タ)・多(タ)・婆(バ)・壄(ヤ)の慧と咿(イ)・汚(ウ)・哩(リ)・嚧(ロ)・翳(エイ)の等持について

六大で存在の基本理念が示され、次いで具体的な展開の様相が示される。それが「婀・尾・羅・吽・欠」の次に掲げられた「舸・遮・吒・多・婆・壄」と「咿・汚・哩・嚧・翳」の言葉で語られている。

はじめの「舸・遮・吒・多・婆・壄」の語は、梵語の体文すなわち子音の五列の最初の文字などをとったものである。次の「咿・汚・哩・嚧・翳」の語は、梵語の十六ある母音を示している。ここまでは日本の五十音にも母音と子音があることと同じで、これらの語からあらゆる言葉が生まれてくる。つまりこれらの基本語には、言葉を生み出す力が内在していることになる。ちなみに「梵字悉曇字母表(ぼんじしったんじもひょう)」を、次頁に呈示しておいたので参照いただきたい。このように密教は文字に着目し、ここに教理的意味を持たせたのである。空海はこれらのことを踏まえて「梵字の一字に無限の仏の教えが包含されている」、との解釈を施したのである。

たとえば「舸・遮・吒・多・婆・壄」などの子音を男声とみたてこれを智慧の働きと解釈し、「咿・汚・哩・嚧・翳」などの母音を女声とみたてて等持とした。等持とは禅定の意味であり、これはそのまま深い瞑想の境地を指す。つまり、これらの一つ一つの文字に「深い悟りの智慧が包含さ

梵字悉曇字母表

一、摩多十二字・別摩多四字

区分	番号	摩多点画	漢字音訳	ローマ字表記	読法 中天音	読法 南天音	発音種別	字義
通摩多	1	（命点）	阿	a	ア	ア	以下六字単母音 喉音	本不生
通摩多	2		阿引	ā	アー	アー	同	寂静
通摩多	3		伊	i	イ	イ	顎音	根
通摩多	4		伊引	ī	イー	イー	同	災禍
通摩多	5		塢	u	ウ	ウ	唇音	譬喩
通摩多	6		塢引	ū	ウー	ヲウ	同	損減
通摩多	7		曀	e	エイ	エイ	以下四字複母音 喉・顎	求
通摩多	8		愛	ai	アイ	アイ	同	自在
通摩多	9		汚	o	ヲウ	ヲウ	喉・唇	瀑流
通摩多	10		奥	au	ヲウ	ヲウ	同	化生
通摩多	11		闇	aṃ	アン	ア	随韻	辺際
通摩多	12		悪	aḥ	アク	アク	止声	遠離
別摩多	13		哩	ṛ	リ	キリ	以下四字流滑母音	神通
別摩多	14		哩引	ṝ	リ	キリ		類例
別摩多	15		呂	ḷ	リョ	リ		染
別摩多	16		嚧	ḹ	リョ	リ		沈没

二、体文　三十三字

区分	番号	漢字音訳	ローマ字表記	読法 中天音	読法 南天音	発音種別	字義
五類声一句	17	迦	ka	キャ	カ	以下五字喉音 清音・無気音	作業
五類声一句	18	佉	kha	キャ	カ	清音・有気音	等空
五類声一句	19	誐	ga	ギャ	ガ	濁音・無気音	行
五類声一句	20	伽	gha	ギャ	ガ	濁音・有気音	一合
五類声一句	21	仰	ṅa	ギャウ	ガ	鼻音	支分
五類声二句	22	遮	ca	シャ	サ	以下五字顎音 清音・無気音	遷変
五類声二句	23	磋	cha	シャ	サ	清音・有気音	影像
五類声二句	24	惹	ja	ジャ	ザ	濁音・無気音	生
同二句	25	酇	jha	ジャ	ザ	濁音・有気音	戦敵
同二句	26	孃	ña	ジャウ	ザ	鼻音	智
五類声三句	27	吒	ṭa	タ	タ	以下五字舌音 清音・無気音	慢
五類声三句	28	咤	ṭha	タ	タ	清音・有気音	長養
五類声三句	29	拏	ḍa	ダ	ダ	濁音・無気音	怨対
五類声三句	30	荼	ḍha	ダ	ダ	濁音・有気音	執持
五類声三句	31	拏	ṇa	ダウ	ダ	鼻音	諍論
五類声四句	32	多	ta	タ	タ	以下五字歯音 清音・無気音	如々
五類声四句	33	他	tha	タ	タ	清音・有気音	住処
五類声四句	34	娜	da	ダ	ダ	濁音・無気音	施与
五類声四句	35	駄	dha	ダ	ダ	濁音・有気音	法界
五類声四句	36	曩	na	ナウ	ナ	鼻音	名字
五類声五句	37	跛	pa	ハ	ハ	以下五字唇音 清音・無気音	第一義諦
五類声五句	38	頗	pha	ハ	ハ	清音・有気音	聚沫
五類声五句	39	麼	ba	バ	バ	濁音・無気音	縛
五類声五句	40	婆	bha	バ	バ	濁音・有気音	有
五類声五句	41	莽	ma	マウ	マ	鼻音・以上五組廿五字五類声	吾我
遍口声	42	野	ya	ヤ	ヤ	以下八字遍口声 以下四字半母音	乗
遍口声	43	囉	ra	ラ	ラ		塵垢
遍口声	44	邏	la	ラ	ラ		相
遍口声	45	嚩	va	バ	バ		言説
遍口声	46	捨	śa	シャ	サ	以下三字隔舌音	本性寂
遍口声	47	灑	ṣa	シャ	サ		性鈍
遍口声	48	娑	sa	サ	サ		諦
遍口声	49	賀	ha	カ	カ		因業

三、重字　二字

区分	番号	漢字音訳	ローマ字表記	読法 中天音	読法 南天音	発音種別	字義
遍口声	50	濫	llaṃ	ラン	ラン	同体重字	
遍口声	51	乞灑	kṣa	キシャ	サ	異体重字	盡

れている」とするのである。あらゆる言葉が母音と子音との結合によって生み出されるように、密教ではこれら梵字が仏・菩薩そのものとする。言い換えれば、この婀・尾・羅・吽・欠と婀・遮・叱・多・婆・壄とを密教的に解釈すれば、智慧と三昧の世界となるのである。それ故、空海は「婀・遮・叱・多・婆・壄」と「咿・汚・哩・嚧・翳」をもって、智慧と三昧の世界を示し得るとしたのである。このような文字の解釈が、次に述べる法曼荼羅として示されるのである。

＊四種曼荼羅

法曼荼羅とは、四種曼荼羅の一つである。四種曼荼羅とは、つぶさには大曼荼羅・三昧耶曼荼羅・法曼荼羅・羯磨曼荼羅のことで、これらは大・三・法・羯と略称されている。密教の教理の表現は、この四種曼荼羅に集約されていると言ってよい。四種とは、存在の全貌、意（こころ）、法（ことば）、羯磨（こうい）である。この四種の視点から表現された形像曼荼羅が四種曼荼羅であり、ここに密教の根本教理が組織的に描かれている。その四種曼荼羅を簡略に紹介すれば次の通りである。

大曼荼羅とは前述した六大の曼荼羅の意味であり、具体的には仏・菩薩などの尊形で表現された曼荼羅であり、ここで密教教理の全体像が示されている。

次の三昧耶曼荼羅は仏・菩薩の意（こころ）、すなわち誓願を表したもので、諸尊の

胎蔵曼荼羅・中台八葉院の法曼荼羅
（小峰智行筆）

様々な衆生救済の心を示す曼荼羅である。この曼荼羅は人格的でもなく言葉でもなく、仏・菩薩の誓願を仏具や印契などの象徴的なかたちで表現した曼荼羅である。

次の法曼荼羅は教法を示す言葉の曼荼羅であるが、ここに用いられる言葉は経典のように日常言語ではなく、種字すなわち梵字で表した曼荼羅である。法曼荼羅が梵字を用いたのは、表皮的な解釈に止まるのではなく深い仏の教えをそのまま受け止めるためである。空海はこれを深秘釈と言う。

最後の羯磨曼荼羅は悟りを働きの面から示したもので、木造・鋳像・塑像などでつくられた仏像などで、立体的に構築された曼荼羅である。

「咿・汚・哩・嚧・翳の等持」から「捏・鑄・刻の業及び威儀」までの偈頌は、以上の理解をもとに、空海が「四種曼荼羅論」を掲げて、曼荼羅による密教教理を展開する箇所である。もとより曼荼羅とは、悟りの世界を経典のように日常言語を用いて説明するのではなく、非日常言語や色や形で表現したものをいう。

＊「制體・幢・光・水生・貝」と「五鈷・刀・蓮・軍持」について——三昧耶曼荼羅

「制體・幢・光・水生・貝」の文言は、胎蔵曼荼羅の中核である中台八葉院の五仏を指し示したものである。そして次の「五鈷・刀・蓮・軍持」の文言は、同じく中台八葉院の四菩薩を表している。これら五仏・四菩薩はすべて三昧耶形で示されている。中台八葉院は胎蔵曼荼羅の核心部分で、空海はこの部分を呈示することで胎蔵曼荼羅の世界を代表させている。この偈頌では中台八葉院に描かれる五仏・四菩薩の三昧耶形を示すのみであるが、これで胎蔵三昧耶曼荼羅全体を表し得るのである。この三昧耶形を整理すれば次のようになる。

大日如来――制體（五輪塔）――法界体性智
宝幢如来――幢（幢旗）――大円鏡智
開敷華王如来――光（光明）――平等性智
阿弥陀如来――水生（蓮華）――妙観察智
天鼓雷音如来――貝（法螺）――成所作智
普賢菩薩――五鈷（五鈷金剛杵）
文殊菩薩――刀（宝剣）
観音菩薩――蓮（蓮華）
弥勒菩薩――軍持（水瓶）

大日如来は悟りの当体そのものを表し、総合智である法界体性智から四智が生み出される。すなわち宝幢如来・開敷華王如来・無量寿如来・天鼓雷音如来は、それぞれに異なった智慧を表している。四菩薩はこれら四如来の智慧、それを現実社会において実践し具体化する役割である。つまり普賢菩薩は宝幢如来の働きを、文殊菩薩は開敷華王如来の働きを、観音菩薩は無量寿如来の働きを、弥勒菩薩は天鼓雷音如来の働きを、それぞれに担っているのである。換言すれば、如来は智慧そのものを、菩薩はその理想的な働きを示しているのである。これら仏・菩薩の誓願を、人格的ではなく仏具や手印などの形で具象化したものが三昧耶形なのである。

『御請来目録』に「大悲胎蔵三昧耶曼荼羅」の名が掲載されているように、現存こそしていないが、空海は三昧耶曼荼羅を日本に持ち帰っている。それ故、この偈頌に示された「制體・幢・光・水生・貝」といった三昧耶形の名称は、恐らく空海自らが持ち帰った三昧耶曼荼羅を見てのものと想像できる。

胎蔵の三昧耶曼荼羅は、今は灌頂などの敷曼荼羅に使用される以外は用いられていないので、現実的に見る機会はさほど多くない。しかも行者の宗教体験が影響することから、体験の違いが表現の違いを生み、全ての三昧耶形の名称が一致しているわけではない。三昧耶曼荼羅は意密の

胎蔵曼荼羅・中台八葉院の三昧耶曼荼羅
（小峰和子画）

曼荼羅といわれるように、行者の修行体験時の心情の変化にともない異同が見られるので、参考のため次に真寂撰『諸説不同記』と淳祐撰『石山七集』における、三昧耶形の記述の違いを示しておきたい。

【五仏四菩薩】	【『諸説不同記』】	【『石山七集』】
大日如来	如来頂相・率都波	率都婆・如来頂印
宝幢如来	光焔印	光焔
開敷華王如来	金剛不壊印	五鈷金剛杵
阿弥陀如来	開敷蓮華印	初割蓮華
天鼓雷音如来	万徳荘厳印	万徳荘厳契
普賢菩薩	蓮上剣	賢瓶
文殊菩薩	青蓮華上金剛杵	青蓮華
観音菩薩	開敷蓮華	法住印
弥勒菩薩	蓮上藻瓶	蓮華上迅疾印

＊「捏（ねつ）・鑄（ちゅう）・刻（こく）の業及び威儀（いぎ）」について――羯磨曼荼羅

この「捏・鑄・刻の業及び威儀」の文言は、動きの面を表現したもので、四種曼荼羅では羯磨曼荼羅と称される曼荼羅である。捏は土などで作った塑（そ）像、鋳は金属などで鋳造された鋳像、刻は木彫である。これらの素材はより立体的に表現できるので、動きを表すには適している。立体曼荼羅の具体例としては、東寺（とうじ）の講堂に荘厳されている二十一体の仏像群が代表例である。ここには金剛界五仏を中心とし、菩薩・明王などで立体曼荼羅が形成されている。参考のために東寺の立体曼荼羅の配置図を、次頁にあげておく。

この「捏・鑄・刻の業及び威儀」の次の偈頌には、六大・四曼を重視する空海の心情とこれを説く理由が示されている。すなわち空海は、六大論と四種曼荼羅を密教の骨子に据えた上で、曼荼羅に示される内実は、融通無碍なる大日如来そのものにほかならないと論じるのである。この世界はまさに自利・利他円満の世界であり、身口意の三密を行ずる真言行者は、大日如来の身（こうい）口（ことば）意（こころ）と一体となるのである。その世界は多くの宝玉が光を受け互いに反射しあい、さらに輝きを増すように、大日如来の発する無量なる光明が虚空に遍満し、行者の心に顕現する様相を表している。

【東寺・立体曼荼羅　配置図】

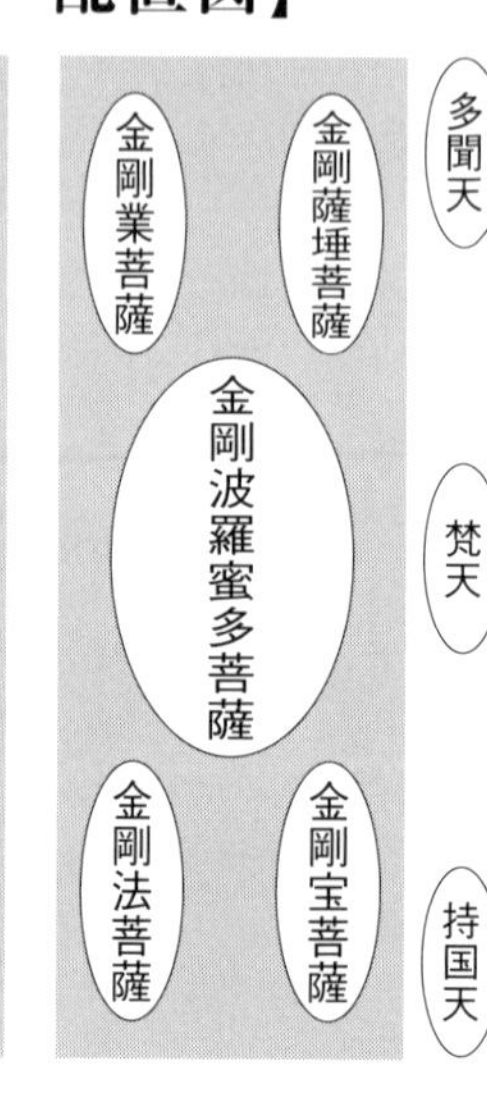

換言すればこれら偈頌は、六大論と四種曼荼羅が密教の核心であることを述べたものである。次いで空海は密教の核心を開示する意趣を述べるが、はじめは天皇の勅命を受け、これに応えるためとする。それを踏まえた上で空海は、この開示の真意は衆生利益の利他行にある。すなわち帰敬偈に「群眠の自心に迷えるを驚覚し、平等に本四曼の入我我入の荘厳の徳を顕證せしめん」との文言に見られるように、ただ自己が悟ることを目指すのではなく、あくまで大乗仏教の精神に則り、迷える衆生を曼荼羅の世界に導くことを目的としていることが読み取れる。

●十住心論の構成と胎蔵曼荼羅

空海はこのような曼荼羅的思考をもとに『十住心論』を著述したのである。

前述したように『十住心論』の構造は、①第一住心から第三住心までは世間三箇の住心、②第四・第五住心は声聞・縁覚の住心、③第六住心から第九住心までは大乗菩薩の住心、④第十住心は密教の住心、と大別することができよう。これらの区分はそれまでの小乗・大乗・密教という分類ではなく、顕教と密教という新たな認識によるものである。もとよりこの顕教という名称は、十住心のなかに世間三箇の住心を組み込んでいるように、仏教以外の教えをも視座にいれたものである。

空海は密教以外の教えを排除する考えは微塵もなく、むしろ全てと連携し融合する立場であることを、曼荼羅理論をもとに述べようとしたと言える。空海は『十住心論』を著述するに当たり、金剛界曼荼羅との関係を考慮しつつも、少なくとも「十住心」の全体構造については、胎蔵曼荼羅を想定し、これに重ね合わせた上で独自の構想で作り上げたものと考えられる。

胎蔵曼荼羅と十住心との関連性は、まず構造上に見られる。すなわち胎蔵曼荼羅は、「中台八葉院」を中央に据えこれを三重の枠で囲んだ構造である。そこには大日如来を中心に、仏・菩薩・天等の尊像が定められた位置に描かれ、それぞれの教えを表示する。空海は胎蔵曼荼羅の構造を念頭に置き、これに十住心を重ね自身の思想を組み立てていったのである。胎蔵曼荼羅と『十住心論』を図式化すると次のようになる。

十住心	尊像	院
第十祕密莊嚴住心	大日如来	中台八葉院
第九極無自性住心	宝幢如来→普賢菩薩	中台八葉院
第八一道無爲住心	開敷華王如来→文殊菩薩	中台八葉院
第七覺心不生住心	無量寿如来→観音菩薩	中台八葉院
第六他縁大乘住心	不空成就如来→弥勒菩薩	中台八葉院
第五抜業因種住心	声聞	釈迦院
第四唯蘊無我住心	縁覚	釈迦院
第三嬰童無畏住心	天部	最外院（さいげいん）
第二愚童持齋住心		最外院
第一異生羝羊住心		最外院

すなわち中台八葉院中央の大日如来は密教の核心を表現したもので、『十住心論』においてはこれを第十住心に当てている。そして第九住心から第六住心までは、大日如来の智慧の展開を示したものである。ここに大乗仏教の四仏・四菩薩が位置することは、大悲の具現化であり大乗仏教の利他の精神を色濃く表したものである。第五と第四住心は釈迦院を想定し、ここに部派仏教のあり方が示されている。そして第三から第一住心は最外院に相応し、ここに異教を含めたすべての人間存在が位置ずけられているのである。

このように、密教と顕教という区分はしているものの、すべては大日如来の世界とし、こうした理解を九顕十密（くけんじゅうみつ）といっている。これに対し心品転昇論といって、十住心を低い段階から高い段階へと導くものとする解釈もあり、これを九顕一密（くけんいちみつ）論という。しかし九顕十密論は密教の本義であり、それはすべてが大日如来の働きとする曼荼羅理論に則ったものと理解したい。それ故十住の違いは、働きの違いと理解すべきで、優劣をつけることが目的ではないことは何度も申し上げた通りである。言い換えれば、大乗仏教も小乗仏教も異教もそれぞれに存在意義があり、排除されるべきものではない。このような見方は、曼荼羅的にとらえることではじめて可能になるのである。

ところで空海の解釈の独自性は「密教眼」をもってするところにある、との学者の指摘がある。たとえば『般若心経秘鍵』などは空海が密教眼をもって解釈した代表例であるとするのだが、確かにその通りだと思う。しかし密教眼という概念は極めて抽象的で、具体性に欠けることも事実である。しかし密教眼を曼荼羅的思考と置き変えれば、このほうがより具体性を持つと思われる。十住心思想の目的が秘密荘厳心が最高であるとするだけであっては、一面的であり極めて短絡的な理解と言わざるをえない。むしろ全てが曼荼羅世界であるという総合的認識こそが重要であり、それが空海思想の理解につながるものと考えたい。

●転輪聖王と曼荼羅理論

曼荼羅的思考は、これまでしばしば述べてきたように一分野に精通し専門性に特化するのではなく、全体的な視点に立った総合性にある。たとえば胎蔵曼荼羅が、仏・菩薩・明王・天部などで表されている全ての存在が、組織的かつ有機的に描かれていることからも知られる。『大日経疏』では、曼荼羅の組織的な思考を蓮にたとえて次のように説示している。

今此の中の妙法蓮花漫荼羅の義は、毘盧遮那本地の常心にして、すなわち是れ花臺の具體なり。四佛四菩薩は醍醐の果徳にして、衆實の倶に成れるが如し。十世界微塵數の金剛密慧の差別智印は、猶、鬚蘂の如し。十世界微塵數の大悲萬行の波羅蜜門は、猶、花藏の如し。三乘の六道無量の應身は、猶、根・莖・條・葉の發暉して相間じえるが如し。是の如くの衆徳が輪圓周備せるを以っての故に、漫荼羅と名づけるなり。然も如來の加持を以っての故に、佛の菩提自證の德從り、八葉中胎藏の身を現ず。

蓮の花の美しさは、雄蘂・雌蘂・花弁などが一つに合わさって作り出されている。しかも花を咲かせるための縁として、根・茎・葉などの存在が重要なのである。曼荼羅の諸尊すなわち大日如来・四仏四菩薩などの存在や、そこから発せられる慈悲や智慧の働きもまた相互の関連性があってこそ存在意義がある。この記述に続いて『大日経疏』は、曼荼羅を国家の組織に見立てて次のように説いている。

金剛密印從り第一重の金剛手等の諸の内眷屬を現じ、大悲萬行從り第二重の摩訶薩埵の諸の大眷屬を現じ、普門方便從り第三重の一切衆生の喜見隨類の身を現ず。若し輪王の灌頂を以って之に方れば、則ち第三重は萬国の君長の如く、第二重は朝廷の百揆の如く、第一重は宗枝の内弼の如く、中胎は垂拱の君の如し。故に、花臺の常智を大漫荼羅王と為す。若し自本垂迹ならば、則ち中胎の一一の門従り各第一重の種種の門を流出す。第一重の一一の門従り各第二重の種種の門を流出し、第二重の一一の門従り各第三重の種種の門を流出す。若し行因至果ならば、則ち第三重に引摂成就せられて能く第二重に通じ、第二重に引摂成就せられて能く第一重に通じ、第一重に引摂成就せられて能く中胎蔵を見る。

ここでは転輪聖王の統治の世界を例として、それと曼荼羅組織を重ね合わせて述べている。もとより転輪聖王は、武力を用いず正義のみによって世界を統治するとされる理想上の王である。このように理想国家を想定した意図は曼荼羅思想が大乗仏教のような専門的な視点ではなく総合的であることを示唆するものである。すなわち曼荼羅世界は大悲を根本理念とし、救いを求める人々の思いに応じた方便の姿を示したものである。それ故曼荼羅に仏・菩薩・明王・天などの様々な尊格が描かれているのは、如何なる人にも大日如来の救いの手が及ぶ総合的な発想があることを意味している。

以上のことは今引用した『大日経疏』の二つの文で確認できるが、参考のため次に転輪聖王と曼荼羅の関係について整理しておくことにする。

花臺　→常智　→大漫荼羅王　→転輪聖王

中台八葉院　→金剛密印　→垂拱の君

第一重　→金剛手等の内眷屬　→宗枝の内弼

第二重　→大悲萬行→摩訶薩埵の諸大眷屬　→朝廷の百揆

第三重　→普門方便→一切衆生の喜見隨類身→萬国の君長

おわりに

本書は日本人特有の文化の内実を、仏教の視点から考察したものである。具体的には仏教公伝（こうでん）から神仏分離令までの流れを視野におき、その中で仏教や神信仰が日本人の精神に与えた影響が如何なるものなのかを、具体的な問題点を取り上げ述べてきた。たとえば仏教伝来時の仏教とはどのようなものであったのか、あるいは韓半島との関係はどのようにみたらよいのか、などの問題を提起しつつ考察を進めてきた。日本文化は仏教の影響を排除しては紐解（ひもと）けないこと、仏教の視点が重要な意味を持つこと、その実態を本書を通じて感じていただければ幸甚（こうじん）である。

仏教公伝を経て奈良期に入ると、仏教の影響はいよいよ日本に浸透してくる。その一つが神身（しんじん）離脱（りだつ）にはじまる神仏融合の動きであり、山岳密教者の活発な働きがそれである。そして山岳密教者に質的に大きな変化を与えたのが、空海が請来（しょうらい）した密教の出現である。空海は恵果和上（けいかかしょう）より継承した密教を体系化し、真言の教学を新たに構築したのである。そして空海が真言教学の裏付けに据（す）えたのが曼荼羅（まんだら）思想である。現実的にこの曼荼羅理論が、神仏融合・本地垂迹（ほんじすいじゃく）の理論として大きな役割を果たすことになった。

曼荼羅思想の重要性は指摘できるが、実際には曼荼羅の内容は多岐にわたり理解は容易ではない。まして曼荼羅思想と空海の十住心思想との関係を考えると、明快に論ずることは難しい。しかしどうしても触れなくてはならない問題なので、第三編の後半で少しく述べさせていただいた。もとより本書では十分な論究はできず、かえって消化不良を起こしてしまった印象は拭えない。曼荼羅も空海思想の双方とも分かりにくくした懸念を残してしまったことは遺憾である。

そのことはそれとして、本書全体を通じて提起した問題はこれまでそれほど論究されていなかった部分を多少は論ずることもできたような思いもある。多様性を有する密教の理解は難い面があることから、これまでも正面から取り上げられることは多くはなかった。考えてみると、仏教の歴史は釈尊の初転法輪にはじまり、大乗仏教そして密教と展開してきた。ところが日本においては、奈良時代に小乗・大乗・密教などの経論が一度に伝えられた。そして平安時代にその後主流となる空海の密教が展開するのである。浄土教などの大乗仏教の展開は、密教の後の鎌倉時代である。インドにおいて最後に成立した密教は、日本では大乗仏教の前に展開しているのである。このような不規則的な展開が、密教の位置づけを分かり難くしている要因の一つかも知れない。

とはいえ密教の理解を抜きにしては、日本人の精神史を把握するには不十分である。特に空海と曼荼羅思想については、さらなる詳細なる論究が必要である。残してしまった課題は多いので、今後さらに精進し取り組んでいきたい。

なお本書の刊行に際しては、大法輪閣の佐々木隆友氏に大変お世話になった。ここに衷心より謝意を申し述べさせていただく。

小峰 彌彦（こみね・みちひこ）

1945年、東京都に生まれる。大正大学仏教学部仏教学科卒業、同大学院博士課程仏教学修了。大正大学元教授。東京都練馬区観蔵院住職。2002年に観蔵院曼荼羅美術館建立。
著書に『〈カラー版〉図解・曼荼羅の見方』（大法輪閣）、『図解・曼荼羅入門』（角川文庫ソフィア）、『般若心経に見る仏教の世界』（大正大学出版会）、『弁慶はなぜ勧進帳をよむのか』（日本放送出版協会）、『空海読み解き事典』（柏書房）、『大乗経典解説事典』（編著・北辰堂）、『般若経大全』（春秋社）等。この他共著・論文多数。

神と仏の日本文化 ――遍照の宝鑰

平成29年 8月 8日 初版第1刷発行

著　者	小　峰　彌　彦
発行人	石　原　大　道
印　刷	三協美術印刷株式会社
製　本	東京美術紙工
発行所	有限会社 大法輪閣

〒150-0011 東京都渋谷区東2-5-36 大泉ビル2F
TEL （03）5466-1401（代表）
振替 00160-9-487196番
http://www.daihorin-kaku.com

ISBN978-4-8046-1398-7 C0015